中国法律职业
背景下的法官

///// 刘　欣 ◎著 /////

中国出版集团公司
世界图书出版公司
广州·上海·西安·北京

图书在版编目（CIP）数据

中国法律职业背景下的法官 / 刘欣著 . — 广州：
世界图书出版广东有限公司 , 2017.4（2025.1 重印）
ISBN 978-7-5192-2826-2

Ⅰ . ①中… Ⅱ . ①刘… Ⅲ . ①法官 - 工作 -
研究 - 中国 Ⅳ . ① D926.17

中国版本图书馆 CIP 数据核字 (2017) 第 072099 号

书　　　名　中国法律职业背景下的法官
　　　　　　ZHONGGUO FALU ZHIYE BEIJING XIA DE FAGUAN
著　　　者　刘　欣
策划编辑　刘婕妤
责任编辑　冯彦庄
装帧设计　黑眼圈工作室
出版发行　世界图书出版广东有限公司
地　　　址　广州市新港西路大江冲 25 号
邮　　　编　510300
电　　　话　020-84460408
网　　　址　http:// www.gdst.com.cn
邮　　　箱　wpc_gdst@163.com
经　　　销　新华书店
印　　　刷　悦读天下（山东）印务有限公司
开　　　本　710mm×1000mm　1/16
印　　　张　9.25
字　　　数　170 千
版　　　次　2017 年 4 月第 1 版　2025 年 1 月第 2 次印刷
国际书号　ISBN 978-7-5192-2826-2
定　　　价　58.00 元

摘　　要

十八届四中全会明确指出,保证公正司法,提高司法公信力,加强法治工作队伍建设。司法权是司法体制改革的核心,审判权又是司法权的核心,而法官是运用审判权的主体,法官的改革影响到司法体制的改革,其意义尤为重要。司法体制改革,在较长时期内,无论是在理论研究上,还是在改革实践中,人们都比较关注司法程序、诉讼制度方面的改革,而相对忽略了司法活动主体的建设和发展,即法律职业队伍的建构和发展。然而,专业化的法律职业队伍是现代司法制度存在和发展的主体基础。没有建立和发展与现代司法制度相适应的法律职业队伍,现代司法制度最终也难以确立和发挥实际作用。我国法律职业队伍整体素质偏低,法律职业共同体尚未形成,深刻地制约着我国司法改革进程的深入推进。从这个意义上说,在法律职业背景下,从理论上开展法官及其职业化的研究,在实践上实施法官职业化改革,对于推进司法改革具有重要的意义。毫无疑问,在我国司法体制改革的过程当中,法官改革已经成为一个备受瞩目的焦点和难点问题。本书以法律职业的一般理论为坐标,系统探讨法官职业化、法官共同体的基本问题和具体内容。本书的着眼点和着力点在于:通过分析法律职业、法律职业共同体、法官、法官职业,揭示我国法官职业的现状,反思我国法官职业专业性缺失的缘由,从中引出有益启示,为建设中国特色的法官制度提出构想与建议。

关键词:司法　法律　职业　法官　职业化

Abstract

The Fourth Plenary Session of the 18th Party Central Committee clearly pointed out that it is necessary to ensure the impartial administration of justice, enhance the public credibility of the judiciary, and strengthen the building of the contingent of law-ruling cadres. Judicial power is the core of the judicial system reform, judicial power is the core of judicial power, and the judge is the main body of judicial power, the reform of the judiciary affects the reform of the judicial system, its significance is particularly important. In the long period of time, both the theoretical research and the reform practice, people pay more attention to the reform of the judicial procedure and litigation system, while neglecting the construction and development of the subject of judicial activities. Professional team construction and development, however, the professional legal profession is the modern judicial system, the existence and development of the main basis. The establishment and development of modern legal system and adapt to the legal profession, the modern judicial system ultimately difficult to establish and play a practical role. The overall quality of the legal profession in China is low, the legal professional community has not yet formed, a profound restriction of China's judicial reform process in depth. In this sense, in the context of the legal profession, theoretically carried out the judges and their professional studies, in practice, the implementation of the reform of professional judges, for promoting judicial reform is of great significance. There is no doubt that, in the process of China's judicial reform, the reform of the judges has become a high-profile focus and difficult issues. This book takes the general theory of the legal profession as the coordinate, systematically discusses the judges professionalization, judges the community the basic question and the concrete content. This book focuses on the analysis of the legal profession, the legal professional community, judges, judges career, revealing the status of judges career in China, reflect on the reasons for the lack of judges career, draw useful inspiration, for the construction of judges with Chinese characteristics System proposed ideas and recommendations.

Keywords: judicature law profession judge Professionalism

目　　录

第一章 法律职业与法律职业共同体

第一节 法律职业的概念及起源

一、职业概念及起源

职业是人类社会分工的产物。社会分工的结果是人们不得终生或长期地从事某一种具有专门业务和特定职责的社会劳动,作为自己获取生活资料、求得生存和发展的依靠。美国著名的社会学家帕森斯从功能主义的观点出发认为,职业是一般行业的角色群体,其中的从业者发挥着社会所珍视的某种功能,并通过其角色活动即职业活动来营生。一般来说,职业就是受过专门教育或训练的、长期从事具有专门业务和特定职责的行业的角色群体。其从业者主要是按照职业传统训练的,需要经过规范的教育过程,只有那些拥有这种训练的人才有资格从事这一职业。①

判断一个群体是否形成了一种职业必须考虑现代社会的职业标准。社会学家认为给职业下一个定义很困难,但是在一点上似乎已达成了一致,即职业是社会分工的产物,现代职业的起源并不在于古代社会,而在于中世纪的大学和社会。②在美国学者的观念中,律师、医师和牧师都已称为职业,并以"历史的"和"有学识的"来定义职业一词。当被要求给职业下一个定义时,迪恩·罗斯科·庞德说:"这一术

---

① 李清伟:《法律职业化发展的社会学思考》,载《法制与社会发展》1996年第5期,第27页。

② J·A.Crook,*Legal Advocacy in the Roman World*,Cornell University Press,1995,pp.41-42.

语指的是一个群体……它以为公共服务的精神追求以智识的策略为公众呼吁,它也并不完全是一种公益服务,因为它还以此作为谋生的手段。而以为公众服务的精神追求智识的策略是主要的目的。"路易斯·D·布兰代斯则用三个标准来看待一个职业:首先,职业是指相称的知识者有预先必要的训练、涉及不同于纯粹技术的知识和一定程度的学问;其次,职业是指职业者主要为他人而不是为个人而从事这一活动;最后,职业是指金钱报酬的数额不是职业者成功的既定标准。[①]

德国社会学家马克斯·韦伯则认为职务就是"职业"。这首先表现在要求有明确规定的、在很长时间内往往要投入整个劳动力的培训过程和进行一般规定的专业考试作为聘任的先决条件。此外,这一点还表现在官员地位的义务性质上。就任职务,包括在私人经济领域里,被视为承担一种特殊的忠于职守的义务,换取有保障的生活。对于现代的忠于职守的特殊性质来说,具有决定意义的是,它在纯粹类型中,并不像在封建的或者世袭的统治关系中那样按照领主封臣或门徒的方式,建立同一个人的关系,而是它报效于非个人的客观的目的。当然,在这个客观目的背后,往往有设想作为意识形态上神话的、在凡间或超凡的人的统治者的替代者,在一个共同体里实现了的"文化价值的理想":"国家"、"教会"、"社区"、"政党"、"企业"。[②]

虽然学者们的解说各不相同,但一定的尺度仍然可以作为现代的职业标准:它是一个专职的工作,并且如果人们以此谋生,则它就是他们主要的生活来源;它是一种使命,暗含着对所定标准的期待;它有一个组织,并因此引发职业的团结一致;它是特别教育的目标,这种教育导致所接受的标准被阻止所证明;它有与社会利益相关的伦理准则;在其活动领域它有着独占或垄断。[③]简单言之,所谓职业,有这样五个特征:(1)专职并作为谋生手段;(2)承载着公益服务(具有利他性、义务性)并有相关的伦理准则;(3)职业者经过教育和训练具有一定的技能和学识;(4)具有组织性;(5)可形成垄断。

---

① [美]F·雷蒙德·马克斯、柯克·莱斯温、巴巴拉·A·弗金斯基:《律师、公众和职业责任》,舒国滢等译,中国政法大学出版社1989年版,第23—24页。

② [德]马克斯·韦伯:《经济与社会》(下卷),林荣远译,商务印书馆1997年版,第281—282页。

③ J·A.Crook,*Legal Advocacy in the Roman World*,Cornell University Press,1995,pp.41-42.

二、法律职业的概念及起源

如果把以上对职业内涵的分析适用于法律领域,则可以把法律职业理解为这样一种特定职业:其职业者专门从事法律事务并以之为谋生手段,职业以实现正义为其公益指向,具有自治性组织并形成垄断,职业者受过专门的法律专业训练,具有娴熟的法律技能与严格的法律职业伦理。相应地,在专业上有资格用一定权力从事法律事务的人员即为法律职业者。

在不同国家,由于其法律职业形成的历史及现状不同,使得法律职业的范围或种类也有差异。在普通法法系国家,法律职业一般是指向"lawyer",其狭义仅指律师,广义上则是对从事法律职业者或拥有法学知识者的总称,包括律师、法官、检察官、法学学者等,其核心是律师。例如,美国的法律职业主要包括私人开业律师、政府部门法律官员、公司法律顾问、法官和法律教师这五类。在民法法系国家,则没有与"lawyer"相应的词,与其相近的词是"jurist"和"magistra",前者是法律家,指取得大学法律专业学位、具有某种荣誉地位的人,比英语"lawyer"一词包括的范围广;后者是司法官,包括法官和检察官却不包括律师,比英语"lawyer"包括的范围窄。[①]例如,法国的"professions juridiques"一词,虽然与英语"legal profession"相似,也可解释为"法律职业",但外延比较宽广,包括法官、检察官、律师、公证人、法律顾问、法学教师等各个阶层。[②]

综合各国情况,大致有三类职业被纳入为法律职业:一是法官、检察官和律师;二是法律教学、科研的专家学者,也可称为法学学者;三是司法秘书、公证员、仲裁员、行政司法人员等。

第一类是典型的法律职业,各国基本一致,区别只是在于三类职业者在司法制度中的重要性各有不同。例如,在普通法法系律师是法律职业的核心,在民法法系中法律职业的核心则是司法官,其他法律职业者都处在法律职业的边缘。[③]这一类法律职业是法律职业共同体的中坚力量。

第二类作为法律职业要区别不同的情况,正如有些学者所提出的"法学学者应

---

① 石茂生:《法律职业化与法律教育改革》,载《河南省政法管理干部学院学报》2002年第4期。

② 何勤华:《法国法律发达史》,法律出版社2001年版,第67页。

③ 石茂生:《法律职业化与法律教育改革》,载《河南省政法管理干部学院学报》2002年第4期。

归类于学术共同体，而非法律职业者共同体中"的观点，便是针对某些国家的现实职业状况而做出的判断。对于法律教学、科研是否属于法律职业，可以这样理解：法律职业是以法律技能处理法律事务的社会活动，根据《牛津法律大词典》对法律技能所作的诠释："法官和律师的实践技能，以及利用和应用他们的知识决定争议或得出其他希望结果的手段。每一法律实践的领域都有一套实践技能和方法。在决定争议中，有关的技术是：拟具诉状、取证、解释立法，以及掌握先例"，可以看出，法学学者并非运用法律技能的主体，也并非以拟具诉状、取证等法律实务活动作为其法律教学、科研的主要技术手段，因此，法学学者并非法律职业者。当然，按照这种解释，检察官似乎也被排除了法律职业的范围，但是，"在西方'三权分立'制度的国家，司法体系一般是法院体系，至于检察机关，有的属于行政机关的一部分，如美国联邦司法部兼任检察机关的职能，司法部长兼任国家总检察长；有的属于法院的组成部分，如英国法院中附设公诉处，执行检察机关的任务"，①而且在大多数国家，检察官的教育和训练、待遇、来源都与法官相同，所以在这些国家中仍然有检察官，他们大多被概括在法官体系，甚至与法官统称为法官（magistrates），②或者兼具行政官员的身份，因此以上关于适用法律技能的主体实际上包括了检察官。

然而，从权威词典对概念的解释得出"法学学者非法律职业者"的观点只是判断的一个视角，即以法律实践领域从事法律实务为标准。如果在此基础上把视角投向时间之维，则可以看到，古罗马时期的法学家官方解答权制度③、19世纪德国的案卷送阅制度④都是在司法者遇到疑难案件而难于裁断时，则以权威法学家对之的解答作为裁决的依据，这时的法学家显然已进入了操纵法律规则、解决法律争讼的实践当中。不仅如此，在现代一些国家的司法制度中，对法官、检察官的选择或

---

① 张文显主编：《法理学》，高等教育出版社2003年版，第278页。

② 例如，在法官称检察官为"站着的法官"（magistrate assise）（他们在法院开庭发言时立而不坐），二者统称为法官（magistrates）。参见何华勤：《法国法律发达史》，法律出版社2001年版，第68页。

③ 古罗马皇帝奥古斯都为了消除法律适用的混乱而确立法律解答权制度，使得法学家的解答与著述具有官方色彩和创法功能，并成为独立的和直接的法律渊源。

④ 这是法院在受理诉讼之后对案件难以自行做出判决的场合，将案卷送至距离最近的大学法学院，请求教授对其进行鉴定的制度。参见[日]大木雅夫：《比较法》，范愉译，法律出版社1999年版，第303页。

任命也有从法学学者中选择的规定,更不必说法律教学、科研人员兼职律师职业的现象在当今许多国家都很普遍。而且不论在历史上还是在当代,还有很多法官、检察官、律师等因其对法律和法学有精到的见解和独特的发展作用而被社会誉称为"法学家",可见只有法学学者与法官、检察官、律师等职业具有同质性才可能顺利实现这种转化。显然,能够具有法律实践技能、从事法律实务也是这些法学学者必备的素质,当他们实际上在进行着法律操作活动时,并且在法学教育中,他们所传授的知识和方法能够给法律从业者提供前提性条件,使得法律职业依附于法学学者和大学的法学教育时(例如英美等国家法律教育作为从事法律职业的先决条件),他们自应属于法律职业者。

但是,由于现代社会分工的日益细密,法律操作和法学研究也日益分化为两个体系庞大的领域,各自领域不可通约的特质也在不断加强,因此分别称为法律职业共同体和学术共同体的行为特征也是不争的事实。除了以上所述法官、检察官、律师、法学学者相互转化或混同一体的事实外,目前多数国家的大多数法律教学、科研人员所体现的职业特征与法律职业大相径庭,毋宁说其是教育或研究职业,理由在于:(1)其向学生传授的主要是法律知识而不是法律技能,实际上扮演的是一个知识分子的角色,其功能与普通的法学教师别无二致;(2)法学学者是法律的旁观者,他是以局外人的"外在眼光"来观察和评价法律,并不直接在法制运行过程中从事法律实务工作;(3)法学学者人文社科式的知识性思维方式与法律职业者的法律思维模式并无通约性;(4)法学学者在法律情感、法律评价、职业志向等诸多方面都与法官、检察官、律师等存在差异甚至是对立和冲突。凡此种种导致法学学者很难融入一个以行为方式、思维方式、利益等为共同基础的职业共同体中。[①]这也是我国法学学者的特征和现状。

因此,法学学者是否属于法律职业者,要区分两种情况:①如果他们仅仅从事着法律教学、科研活动,其国家的法律或法学教育制度与司法制度不能相互对应和衔接,受过法律教育的人不能顺利实现法律实务工作的转化,法学学者更多地体现为知识分子特征而非法律职业特征,则法学学者仍属于教育职业者或科研人员,可能成为学术共同体的结构元素。至于"法学家",并不是一种职业,而是一种社会评价后的称谓,因其不具有职业的独立性,对法律的操作并没有直接的影响,而是一种身份,它是依附于其他职业的,或者是教师,或者是研究人员,或者是法官、检察

---

① 杨海坤、黄竹胜:《法律职业的反思与重建》,载《江苏社会科学》2003年第3期。

官和律师。因此，其本身不能构成是否属于法律职业的问题。②如果他们以某种方式——无论是职业混同还是职业转化或是教育、培养、选任的一体化模式，能够操纵着法律规则、充实着法律机构、参加着法律争诉的实践，尤其是当一个国家的法学学者能够深刻地影响其立法或司法时，则他们就属于一个由其活动、特权和训练所确定的特殊集团——法律职业集团。这不仅是当代社会的一个现象，也是法治发展的一个趋向，同时也是法治欠发达国家法律教育、法学研究领域改革的倾向，他们存在成为法律职业共同体结构元素的基础和条件，因此，本书依然把其作为法律职业对待。

至于第三类人员（司法秘书、公证员、仲裁员、司法行政人员等），可以称其为与法律相关职业人员，不应算作是严格意义上的法律职业。因为法律职业的一个显著特点是围绕司法活动而展开的法律实践活动，虽然这些人员的工作内容与法律密切相关，甚至就是对法律的适用，但是他们所实现的主要是行政功能而非司法功能，而且法律职业的伦理指向在于实现社会正义，而这类职业则各有不同的职业目的和伦理。不仅如此，从英美法系国家和大陆法系国家对法律职业的培养、选拔和考试等制度中所涉及的职业者范围也可看到法律职业者只限于法官、检察官和律师，①并不包括这些与法律相关的职业人员。我国的情况也是如此，"按照2001年的法律规定，自2002年起，检察官资格、法官资格和律师资格统称为'司法'资格，这一规定也是中国国内法律文本中首次正式适用'司法'一词（以往的法律文件中出现的司法往往是指'司法行政'），它本身表明，司法包括检查、审判和律师三个方面的内容在内"。②据此，这类人员不应被归属于法律职业者范围之内。

就当今世界大多数国家而言，基本倾向于以法律作为社会控制的主要工具，毋宁说一些法治国家了。这使得社会中的很多职业都得以法为据、依法而行。如果按照宽泛的标准，很多职业都可称为法律职业，所以法律职业的内涵可做扩大理解也可做限缩性的归类。但是基于对社会分工的明确辨别和法制化社会的建构，一种明确的职业定义和执业范围显然很有必要。因此对法律职业当做限缩性的定义；毕竟它是一个专业化很强的行业，这一职业还担负着许多其他职业不能够担负的东西。因此，我们只把法官、检察官、律师、法学学者划归其中。

---

① 谭兵、王志胜：《在同一片法律的晴空下——关于建立我国法律职业者一体化培养模式的思考》，载《中国律师》2001年第3期。

② 于晓青：《司法的特质与理念》，载《现代法学》2003年第2期。

第二节 法律职业共同体的概念及特征

一、共同体的概念

法律职业共同体并非一个天然自在的概念,对其的理解也需要从共同体说起,甚至法律共同体也是其得以引申的出处。

关于共同体的概念可以追溯到德国社会学家斐迪南·滕尼斯的《共同体与社会》这一社会学经典著作。在书中他将共同体与社会做了区分,认为受"本质意识"驱使形成的现实的或者自然的统一就是共同体,而受"选择意识"左右所形成的思想的或人为的统一则是社会[①];共同体是一种原始的和天然的状态,其典型表现为家庭、村落和小镇等,相较于共同体的古老,社会则是新的和后发的,是在传统、法律和公众舆论基础上建立的大规模组织,例如城市、州(邦)或国家。[②]这种区别实际上是对工业化带来的社会变迁给予界说的尝试,与之相类似的有法国社会学家社尔克姆将社会关系区分为"机械连带"、"有机连带"[③],以及德国社会学家马克斯·韦伯对共同体化与社会化的论述[④],甚至其后的种种相关研究,都是对社会关系的不同解说。归纳这些学说,可以得出这样的结论:共同体是与社会相对应的、具有先发性的社会关系状态,它是以对共同属性的认同和情感倾向为基础所形成的成员间相互联系和互动的联合或群体。因此,"绝不是素质、处境和举止的任何一种共同体都是一种共同体化",[⑤]只有在成员间有共同的境况及其后果的基础上,彼此间的举止在某种方式上互为取向,"在他们之间才产生一种社会关系——不仅他们

---

① [德]斐迪南·滕尼斯:《共同体与社会》,林荣远译,商务印书馆1999年版,第146—174页。

② [德]斐迪南·滕尼斯:《共同体与社会》,林荣远译,商务印书馆1999年版,第146—174页。

③ 张文显:《二十世纪西方法哲学思潮研究》,法律出版社1996年版,第119页。

④ [德]马克斯·韦伯:《经济与社会》(上卷),林荣远译,商务印书馆1997年版,第70—71页。

⑤ [德]马克斯·韦伯:《经济与社会》(上卷),林荣远译,商务印书馆1997年版,第72页。

中国法律职业背景下的法官

对待周围环境的任何举止——而只有在环境表明一种感觉到的共同的属性,才产生'共同体'"。①

比如被视为"种族"特征的生物遗传因素本身并不能使其遗传获得者共同体化,由于周围环境方面的种种限制(如种族歧视),他们可能陷入一种同样的甚至是孤立的处境。但是,即使他们对这种处境做出相同的反应,也还不能形成共同体,因为共同体特征本身不是共同体,而仅仅是一个利于共同体化的因素。诸如四处漂泊的吉普赛人,虽然他们有相同的特征和行为举止,但是不能称其为共同体,而以犹太复国主义为行为取向所形成的犹太人阶层或联盟则可以叫作犹太人共同体,二者的不同之处在于后者彼此以对方作为自己举止的取向并谋求彼此之间的一种社会关系,并于同时促成了伙伴之间的认同和周围环境的反馈。

因此,共同体不仅以共同属性为基础,还表现为其成员对其情感上的倾向性和归属感。作为外在特征的同质性,或者指涉地缘,或者以文化、意识形态、语言、宗教、种族、政治、经济、职业等社会因素为表现,使共同体保持其独立的内在资质并具备与外部社会交涉的能力;作为内在精神维系纽带的情感倾向性,使成员间彼此认同而形成了共同的利益、共同的信仰、共同的情感及共同的追求。于是,共同体便具有了双重的性质和功能——既具有利益驱动,又具有精神激励。

然而,随着世界的发展,不论社会关系典型地体现为哪种类型(共同体化或社会化),却如韦伯所言,"大多数的社会关系都部分地具有共同体化的性质,部分地具有社会化的性质。任何一种哪怕是目的合乎理性地和冷静地建立的和有的放矢的社会关系,都能促成一些超出随意选择的目的的感情价值。反之亦然,一种其通常的意向是共同体化的社会关系,也可能为所有的或若干参加者完全地或部分地以目的合乎理性为取向"。②与此论述相印证的是,就目前实例所给予我们的一般印象而言,共同体已发展成为一个具有普遍意义的概念,似乎任何一种聚合,只要能找出得以连接的共同体,其所形成的社会关系我们都可以称为共同体。这说明"共同体"这一概念已经失去了与"社会"这一概念的二元对立,现代社会的组织化在使社会的法理特征日益明显的情况下并未丢却共同体的礼俗,价值的情感倾向性能够与协议选择的目的理性并行而不悖。因此,随着结合因素或者同质性的增多,随着情感和理性的交错相融,从大处着眼,我们这个世界可以成为一个共同体;

---

① [德]马克斯·韦伯:《经济与社会》(上卷),林荣远译,商务印书馆1997年版,第72页。
② [德]马克斯·韦伯:《经济与社会》(上卷),林荣远译,商务印书馆1997年版,第71页。

次之有国家、国际组织（如国际红十字会、环境保护组织、反核运动组织）、种族共同体、宗教共同体等形式；微观方面，行业联盟、行业、社区、单位、家庭等亦是形成共同体的合适模型。如果对法律的认同和对法治精神的追求成为一个群体或社会的明显特征和生活表现时，一个法律共同体就有此成就。

二、法律职业共同体的概念和特征

对于法律共同体的解释也并不统一，我国有些学者把其理解为法律职业群体；而德国社会学家马克斯·韦伯则认为法律共同体是由某种共同的特质维持或形成的其成员间共识而达成协议的群体，其特征是具有同质性，这种同质性以出生、政治、道德、宗教信仰、生活方式或职业等社会因素为表现；[①]而同为德国学者的哈贝马斯则把法律共同体等同于一个民族国家。尽管解释不同，但他们都是在对法律共同体的内涵有着共识的基础上对其外延予以扩大或缩小。这种共识就是当一个群体或社会以法律为其联结纽带或生活表现时，就可称其为法律共同体。由于本书的旨趣在于由法律共同体群体所形成的法律共同体，即取其外延最小化的共同体予以研究，为避免混淆，以恰当的意思把这种共同体称为法律职业共同体。

阿尔伯特·戴雪很早以前就指出："当一个有20个人的群体，或2 000人，或20万人的群体，为了共同的目标，以一种特定的方式把他们自己约束在一起行动时，他们便创立了一个团体。这个团体不是由法律虚构的，而是事物的本性使然。它不同于组成它的那些个人。"[②]法官、检察官、律师在法律制度发展史中各有其自身悠长的历史，而自近代社会以来，三者的作用日益凸显，原因在于社会在呈现出价值和道德多元化的同时，其社会结构已发生了转型，人们已不可能生活在靠某种单一的价值体系或道德规范或宗教来维系的社会秩序中。与社会劳动分工的日益细密、社会生活以及社会关系日益复杂化的趋势相关联，社会日益从传统的文化社会（以宗教、道德、意识形态为凝聚纽带）过渡到了结构社会（社会中的各要素相互关联、相互影响）时代。社会生活的错综复杂，各类矛盾冲突在程度、数量和规模上的扩大，导致社会对于解决纠纷的人员的数量及专业化程度的需求随之提高，法律职业的专业化因而凸显出来并形成行业化趋势。职业者人数的增多、组织规模的扩

---

① [德]马克斯·韦伯：《经济与社会》（上卷），林荣远译，商务印书馆1997年版，第74页。

② [英]丹宁伯爵：《法律的训诫》，杨百揆、刘庸安、丁健译，法律出版社1999年版，第174页。

展、专业化程度的提高,加之法治理念被现代社会所广泛认同,使得法律职业者的个性逐渐被法律职业的理性所取代;尽管个人成员在人格、价值观各不相同,但他们在从业过程中表现出的特有的法律思维模式、推理方式及辨析技术以及共同的法律话语所呈现的是一种群体的共性而非个人的性格及价值观,因此,团体的个性由之形成并与法律职业者个人有所区别。当专门的法律人员、专门的法律机构、法律人员的专业化向社会表现的是同一种东西——法律,宣示的是同一种力量——正义时,法律职业群体便转化成了与法律职业者个人相区别的法律职业共同体。

需要说明的是,法律职业群体并非等同于法律职业共同体或会自然过渡到法律职业共同体,尽管法律职业者有着因职业而生的共同性,但也只有在这一群体能够折射出一种无形的、支撑着这一群体所从事的法律事业的法治精神时,它才能够被称为法律职业共同体。德国著名社会学家马克斯·韦伯就曾提出过,"透过任何一项事业的表象,可以在其背后发现有一种无形的、支撑这一事业的时代精神力量;这种以社会精神气质为表现的时代精神,与特定社会文化背景有着某种内在的渊源关系;在一定条件下,这种精神力量决定着这项事业的成败。"①在我们这个普遍尊崇法治理念的时代,法律精神无疑已成为时代精神之一种,作为法律职业群体如若能够体现出这种时代精神之内涵,才真正具有了共同体的意义,而非法律职业者个体的聚合。因此,是否具有法律精神内涵是判断社会中是否已出现了法律职业共同体的关键标准,也是这一群体能否担当得起推进法治之责的关键因素。

---

① 苏国勋:《理性化及其限制——韦伯思想引论》,上海人民出版社1988年版,第2页。

第三节　法律职业共同体的构成

法律职业共同体作为一个统一体,受其内在的确定性制约。确定性在于表明法律职业的特征,对法律制度的形成和运作起着主要作用。法律职业共同体的结构元素及其相互间所形成的关系就是这种确定性因素。

法律职业共同体的结构元素即法律职业共同体的构成部分,其实就是法律职业的类型。日本学者大木雅夫在其《比较法》一书中把法律职业者通称为法律家,而且,"即使一概而论地说到法律家,也因国家不同而法律家的形象各异,在各个法律秩序内部都曾产生过特定的历史性职业分工和阶层分化。因此,在法律秩序构成中发挥主要作用的法律家,依国家之不同而范畴迥异"。①埃尔曼则在其《比较法律文化中》把法律职业者具体划分为五类:第一类是那些对法律冲突予以裁判的人,其中最重要的是法官和治安官,另外还有仲裁人、检察官、在准司法机构以及行政法院中工作的官员等;第二类是代理人,即代表有关当事人出席各种类型审判机构审判的人员;第三类是法律顾问,通常他们不出席法庭;第四类是法律学者;第五类是一种各国极不一致然而其重要性却在不断增强的人员,即受雇于政府机构或私人企业的法律职业者。②学者季卫东先生则认为职业法律家的典型是律师、法官和检察官,然而其承担的职务范围十分广泛,包括企业和政府的顾问、法学者、政治家、行政官员以及公司经营家等。③

总结学者们的观点,我们得知法律职业的范围可能极为广泛,这与一国的法律制度以及法制化有关。但正如莱因斯坦所言,"法的形成和适用是一种艺术,这种

①　[日]大木雅夫:《比较法》,范愉译,法律出版社1999年版,第265页。

②　[美]H·W·埃尔曼:《比较法律文化》,贺卫方、高鸿钧译,生活·读书·新知三联书店1990年版,第105—106页。

③　季卫东:《法律秩序的建构》,中国政法大学出版社1999年版,第198—199页。

法的艺术表现为什么样式,取决于谁是'艺术家'"。^①因而,就法律制度本身而言,法律职业的范围应当是受到限制的,应当包含的仅仅是一部分人,而且是通过对法律素质的要求和任职资格认定等措施来确定这部分人。在现代社会,法律职业通常由受过专业法学教育、具有专门法律知识和理论与实践经验、具有相应职业伦理道德修养的人来承担,这就使得法律职业者和从事一般法律工作的人有所区别,因为一般法律工作者在法律素质和任职资格上均无法律上或制度上的严格而明确的规定。尽管法律所涉及的领域极为广泛,以法律为内容和特征的社会活动也日益增多,但保持法律职业的专业化和专门化是扩展法律的基础和前提,而这又以法律机构的独立性作为保障。因此,法律工作的范围可能极为广泛,如公证、税务、海关、公安等均具有明显的法律特征和内容,但仍须把公证员、税务师、警察等与法律职业者区别开来。这一方面是因为对他们的要求与对职业者的要求不同,另一方面则是因为这些人所属的机构及其与本机构的关系具有明显的行政隶属性。

一般而言,一个法律秩序内的各种法律家的类型,总是历史地形成的。^②

《法国民法典》的起草者,是设立于1800年的由四人(特隆歇、比戈-普雷亚梅纽、波塔利斯和马尔维尔)组成的民法典编纂委员会,在被任命为编纂委员时,他们分别担任最高法院院长、最高法院附设政府委员、俘获审检委员、最高法院法官等职务,而他们所有的人都长期从事过律师职业。^③委员们本身的素质决定了《法国民法典》不仅从实质内容上为世界各国的法典树立了典范,而且以其言简意赅的典雅文体在世界法典中独树一帜。法典的神圣性与完美性导致了法国人对法典和法条的信仰和崇拜思想,以致法官一般被视为"法律的宣誓者",而学者的活动则倾向于仅局限在"注释"之上,法官、立法者和法学家之间保持着独特的平衡,而律师则占有相对较高的地位。

《德国民法典》的编纂虽然是在法律实务家的统率下进行的,却采取了与《法国民法典》截然不同的理论性、体系性样式,成为典型的理论之作。之所以如此也许只能从与此有关的大学法学教授的性质和作用中寻找答案。从1862年至1891年为止,《潘德克顿教科书》已重印七版,在当时既无法典亦无注释书的德国,此书甚至被作为德国普通法的唯一根据而拥有极大的权威。由于致力于建构潘德克顿法

---

① [日]大木雅夫:《比较法》,范愉译,法律出版社1999年版,第264页。

② [日]大木雅夫:《比较法》,范愉译,法律出版社1999年版,第326页。

③ [日]大木雅夫:《比较法》,范愉译,法律出版社1999年版,第266页。

学的中坚无一例外均是教授,而教授们在德国又具有很高的权威,法院也有借重教授的传统,尤其值得注目的是案卷送阅之惯例。①因而在这一时期,大学讲台给予法律实务界以前所未有的影响。同时,由于编纂委员们皆出身于人文科学学府,曾以拉丁文为必修课,因此,他们所创制的《德国民法典》不能不成为忠实反映所有潘德克顿法学之特征的作品——诸如以严谨的概念抽象体现的唯理主义、为不谙拉丁文的民众所无法理解的法律德语以及复杂的参引技术等。所以,德国法不可避免地打上了教授法的烙印,并因此决定了一般立法乃至《德国民法典》的独特样式。②

英国在既无法学家又无法律著作的情况下,法官除了依靠自己之外别无他求,由国王创建的法院,以王权为依靠、对全国各地发生的形形色色的案件行使审判权,并保持着使其判决能得以执行的实力。因此,英国法的承担者,乃是法官。在法官周围,聚集了一个高级出庭律师团队,他们具有紧紧围绕中央法院而训练出来的最佳法律头脑,并在此建立了实务法律家的强大行会。最终,通过法官和律师们的活动形成了普通法。③

美国建国初期,签署《独立宣言》的议员每两个人中就有一个是法律家,独立战争后急遽的经济社会的发展,导致出现了如果没有法和法律家就无法应付的局面。基于权力制衡而增强法官独立性之理念,法官被赋予立法的违宪审查权、广泛的规则制定权、规定诉讼程序,并保持着高度的裁量权。作为法律家精英,法官在法律样式构成中起着主导作用。由于把律师培养和资格授予的权限委托于各州的立法,各州的立法就出现了对所有有意成为律师的人放松律师条件的趋势,于是,在19世纪初就已经拥有相当于英国两倍的律师了。同时,在设计新社会的意义上,美国的法学家从很早以前就开始发挥重要的作用,而且,为建立美国统一的法律秩序做出持之以恒、卓有成效的贡献的,乃是大学的教授们,在整个司法运作过程中,由大学教授转任法官的事例也屡见不鲜。④可见,法官、律师、法学学者构成了美国的法律家阶层。

由于体制的原因,无论是在沙皇俄国还是在前苏联,法官的地位都绝非高高在

---

① [日]大木雅夫:《比较法》,范愉译,法律出版社1999年版,第303页。

② [日]大木雅夫:《比较法》,范愉译,法律出版社1999年版,第271—273页。

③ [日]大木雅夫:《比较法》,范愉译,法律出版社1999年版,第308—309页。

④ [日]大木雅夫:《比较法》,范愉译,法律出版社1999年版,第319—333页。

上,律师的地位也可谓悲惨之至,大学教授建立批判性、独创性学说的可能性也非常低。追根溯源,最初由沙皇俄国彼得大帝创建的检察官制度所赋予"普遍监督"权力的检察官——被称为沙皇之眼,在苏维埃法律秩序的样式构成中承担着极为重要的作用,同时,由国家设立的有关法律的研究所及其成员也在其法律制度的形成中发挥着重要作用。尽管苏联已经解体,但是所创造的社会主义法律体制,仍然成为世界法律体系中的重要一支。①

作为世界法律体系中最具特色的法律样式,由法国、德国为代表的大陆法系和以英国、美国为代表的英美法系对世界各国的法律制度产生了普遍的影响,而苏维埃政权所创立的社会主义法律体制至今对我国法律制度及其社会主义国家有深刻的影响。从史实中我们可以看到,法国的律师、德国的大学教授、英国的法官、美国的法官以及苏联的检察官,都可称作各自国家法律秩序的"创造者"。然而,在这些法律秩序样式构成之主角的身旁,通常有法国的大学教授、德国的高级法官、英国的律师、美国著名大学的教授和苏联研究所的学者(包括大学教授)与之形影相随。②

因此,我们可以得出这样的结论:由于各国的发展历史和制度构成并不一致,法律职业的类型也不尽相同,但是"在各种法律秩序内部活动的各种类型的法律家之中,都存在对特定法律样式的构成最具有影响力的某种职业的法律家"。③对法律职业共同体而言,这样的法律家是给予法律职业或法律职业共同体以确定性的人。法官、检察官、律师、法学学者这四类最具典型性的法律职业普遍存在于各国,而且在一个法治国家中,这四类人基本上主持着法律的运作和循环,并且是法治理念和法律精神的主要载体,因此,在一个法律秩序的样式构成中的主要角色是这四类人,法律职业共同体也仍然主要由这四类人构成。

对于法律职业共同体而言,由于它并非是一个如法院、检察院、律师所、公司、社团般的具体实体,而只是人们意念中想象的产物,实际上也是学术研究中必要的虚构,但这种虚构并非没有基础,而是建立在所有法律职业者的共性之上,同时这一职业群体以其所有成员共同的作用及理念作为它共同的意志,通过社会中他者的感觉跟认识,表现出了一种整体性,因此,把它作为共同体并予以人格化,目的在

---

① [日]大木雅夫:《比较法》,范愉译,法律出版社1999年版,第339—360页。

② [日]大木雅夫:《比较法》,范愉译,法律出版社1999年版,第360页。

③ [日]大木雅夫:《比较法》,范愉译,法律出版社1999年版,第264页。

于通过对整体性的研究引领个体法律职业者的群体意识及共识,以期培育法律职业者专业性的理性思维,从而有助于建立法治体系的整体权威,而法律制度发挥作用的基础在于其权威性。没有权威性,等于没有法。

因此,就法律职业者共同体的内在状况或性质而言,只能用精神的眼睛去窥视,也必须由构成它的成员自身的意识和愿望去解释,因为共同体固然决定其成员的性格和命运,但也必然受其成员及其成员所形成的关系的制约。那么,其成员处于什么状态或形成什么关系才能呈现出法律职业共同体的整体性,只有对此问题明确了认识,法律职业共同体的性质也就昭然若揭了。

一、法官

英文中“justice”一词,如果用相对应的汉语表达,其意主要有三:一为公正,如正义、正当、正确以及合法;二为司法;三为高等法院或最高法院的法官。换言之,也可以用三句话来表述:一为“公正”存在于“高级法官”的“司法”之中;二为“高级法官”的“司法”就是“公正”;三为从事“司法”的“高级法官”就是“公正”。也就是说,“justice”=公正=司法=高级法官。三种意思用一个词来表达,表明英语语系的人往往把这三者当成一回事。而且同其他语系的人一样,他们也总是在生活中产生纠纷,也不时会遭遇不平之事。但有所不同的是,他们崇尚公正(justice),又总是喜欢通过司法(justice)途径来解决纠纷、实现公正,为此,也格外崇敬和信赖从事公正司法职业、作为正义化身的法官(justice)。因此,当言及“justice”时,他们潜意识里往往同时指称着这三样事物。不论其他国家的人们是否有这种习惯,作为西方法治较为发达的国家,语言中的这种用法实则表明公正、司法和法官之间存在必然而密切的联系。

法官在民主国家中扮演着重要和特殊的角色,因为是社会公众选出代表制定法律,管理者运用它们于工作中,执行者加强那些法律并且负有职责使法律被“忠实地执行”。在所有这些法律的制定、执行和实现过程中,冲突在权威的适当行使和正确解读官员和公民等的权利、义务之上产生了;在关于法律之意的实际冲突中,法官决定着哪种观点将被看作权威性的有效观点,因此,政府、法律和公民之间的重要连接是由法官提供的。

于是,在社会制度的安排中,法官承担着行使国家审判权的职责。作为一种法律职业,他并不代表个人,只能以最强有力的、不留情面的理智的社会面目一如既往地、警惕地站在行政机关和国民之间,裁决人们的行为在法律上的适当性。对于他来说,其审判权来源于连续效果的公共权力——公共的授权,因而不应受任何个人或机构的直接活动的影响,他应超脱于各种关系而只具有审判功能,除了国家的法律,"不再有其他的法,也不需要其他的法,它的意志无非是关于法的科学的真理,它的行为无非是宣判。因此,它既没有权利也没有权力去实施强制,比任何自然的个人可能拥有的权利和权力要少得多"。[①]但是,其审判权的行使给人们带来的得失甚大,如果判决不公,某个当事人不仅可能会因此蒙受经济上的损失,还可能会因此蒙受社会道德上的伤害。而在法官说什么,法律也就常常变成了什么的国度和情况下,司法判决则影响到更广泛的其他人。基于此,法官应具备三种性质:独立性、中立性和相对消极性。

所谓独立性是指法官审判案件具有真正的审理和裁决权,其意志不受他人意志所控制,不受外部环境和内部运行机制的干涉,只是根据其认识能力独立裁判,概括地称为法官独立原则。这一原则已经成为国际公认的重要司法原则之一,是司法独立原则的核心,其全部意义在于保证社会理智的公正行使,而法官只有在超脱于各种关系——政治关系、经济关系、私人情感关系的基础上才能维持这种意义,当然这种超脱也包括对自己特殊性格、情绪或喜好的屏蔽。如卡多佐所言,"如果一个法官打算将自己的行为癖好或信仰癖好作为一个生活规则强加给这个社会的话,那么,他就错了",[②]这必然会使公正的天平发生倾斜。因此,法官对各种关系的超脱以及对各种干涉行为的拒绝表明着司法权威的范围和程度,而这也是司法独立程度的指示器。

为了确保法官的超脱,制定有效的保障措施已为众多国家所公认。许多国家的法律对法官独立都有明确规定,并进而确立了法官独特的人身制度,如法官的任免、调动、待遇、退休、纪律等制度。这种以宪法或法律形式保证法官的良好素质、较高地位以及职务的稳定性和专门性,本身就表明法官职业的特殊性,以及对法官独立性的期待和确保,目的在于以赢得法官的真正独立来赢得民众对法官的尊重,并最终赢得法律的神圣、庄严和权威,以及民众对法律的信仰。如果说法治国家的发展,"大体上要经历警察国到法律国再到法官国的过程。"那么,一个成熟的法治

① [德]斐迪南·滕尼斯:《共同体与社会》,林荣远译,商务印书馆1999年版,第318—319页。
② [美]本杰明·卡多佐:《司法过程的性质》,苏力译,商务印书馆2000年版,第67页。

国家,在很大程度上依赖的是法官这个阶层在国家法律制度中的影响力和贡献。"在法官权力失灵无效的时候,在法官没有超越于其他权力干预之地位的时候,在法官缺乏制度之卫护力和创造力的时候,宏大法治的建设可能只是空谈。"①所以,法官的独立,不仅关系到裁判权行使的效能,也关系到一个国家法治状态的程度以及法治的成型与否,这不仅需要通过法官的行为去落实,也需要各社会主体的积极配合。

所谓中立性是指在司法活动中,法官相对于控诉一方或辩护一方的活动没有明显的倾向性,其思维不受案件任何一方当事人所左右,也不以追求社会效益及迎合公众评价为目标,其裁判仅以法律或法理为标准,而不以道德、情感、舆论等为参照物。我们知道,司法活动的最神圣目的在于主持正义,而现今的社会秩序并非通过共同的价值体系,或对国家权威的普遍尊重,或是赤裸裸的武力来获得的;毋宁说,它是各种政治、经济和社会等制度以及各种活动之间相互依存的复杂网络的结果,这些制度和活动将权力划分为不同的中心,并且造成迫使人遵从的各种压力。处于这种权力之网和压力之网中,法官必然成为各方争取的对象,而提交到法官面前的必然都是各权力中心所无法解决和压抑的冲突和矛盾,在这种情形下,法官如若没有听取双方的言词就做出裁决,也即法官如若不能显示其中立性,则不能使冲突和矛盾得到公正的解决,从而纠纷不可能在此画上句号,结构的平衡和秩序的稳定将继续受到干扰,这有违以司法作为纠纷的最终裁决这一制度设计理念。

因此,法官的性质不过是居中裁判,如果他依附于任何一方,即使他做出了裁决,如果裁决具有与依附方相反的意向,会被公众认为是法官对依附方某种不满的报复;如果裁决支持依附方,则又会被公众认为是本该如此,因为他是依附方的附庸。

换句话说,正义来源于信任,而当人们认为法官偏袒时,信任即遭到破坏,正义便不复存在。因此,引用英国法官休厄特的一句名言:"不仅要主持正义,而且要人们明确无误地,毫不怀疑地看到是在主持正义,这一点不仅是重要的,而且是极为重要的。"②因而,法官不管在实体上或程序上如何行事,都要考虑给其他人造成的印象,尽可能做到不偏不倚。如果在某种情况下出现偏袒的可能性,而不论这是否已形成事实,只要有判断能力的人产生法官偏袒的印象就足以使对法官的信任遭

---

① 舒国滢:《法律职业呼唤法哲学智慧》,载《人民法院报》2002年4月8日。

② [英]丹宁勋爵:《法律的训诫》,杨百揆、刘庸安、丁健译,法律出版社1999年版,第98页。

到破坏,司法正义也就无从说起。因而各种审判模式和程序的设计应该尽力保证法官的中立性,使得法官不仅能切实地主持正义,而且是以人们看得见的方式维护正义。如果说法官可能有所偏向的话,那只能是坚持法律。

所谓相对消极性意味着法官应具有适当的保守性。这一方面要求法官循法而动,另一方面则要求法官活动具有受动性。法律职业发展到如今,法袍加身的法官仍可见于各国,这与其说是以庄严的仪式极力维持法庭的气氛,毋宁说是以法袍作为法官保守性的象征。无论法官个人有着怎样的好恶和情绪,都被法袍所遮断,他不能介入争论,不能参与辩论,只能不急不躁、不偏不倚、耐心听证、依照法律公正裁断。在司法实践中不主动追求诉讼,只是在"告诉"的情况下,依照现有的事实和证据对案件做出判断。一般情况下,不受世俗价值的左右,只遵循法律而并不积极寻求对法律的改革,这是法官之保守性的体现;同时,法官应保持自身相对独立的空间,应竭力避免其法律活动世俗化的倾向,在现实生活中避免抛头露面,避免参与行政活动和公益活动。因为一个符合现代法治精神且能高效运作的社会管理体系应当具备分工明确、各司其职的特点,法律活动不同于政治活动,法律评判也不同于道德评判和舆论评判,如果置法律逻辑与法律职责于不顾而与社会生活打成一片则容易导致以可能带来多元化解释的某种政治需要或伦理观念作为审判的依据;这无疑表明该社会没有一个相对确定的法律领域,法律与政治、法律与道德、法律与经济没有清晰的界限,这样会失去法律运行上大致的稳定、连续和同等对待,从而导致最终失去法律制度的权威性。因此,"独善其身,坐堂问案"也是法官活动受动性的表现。

我国近年来相继爆出的法官被检察机关立案侦查的新闻,其实也表明不能确保职业的独立性、中立性和相对消极性,就不能避免职业风险。例如,"2006年深圳市中级人民法院5名法官因涉嫌受贿被检察机关立案侦查,其中一人曾任该院副院长。几乎与此同时,湖南省高级人民法院原院长吴振汉因受贿607万元被判处死刑,缓期2年执行。"而法官集体"沦陷"的,并不仅仅是个案。实际上,在法官职业活动中呈现在其面前的,往往是社会其他解决纠纷手段已无法解决的激烈纷争,法官的任务就是要定纷止争,所谓定权益之分、止权益之争。而刑事案件涉及被告人的身家性命,民事案件涉及当事人的财富得失,行政案件涉及公权力和私权利的强烈对抗。在法庭上博弈的双方当事人,为赢取胜诉,达到自己的目的,往往会运用所拥有的资源,试图影响法官,甚至不惜使法官产生不当的倾向性,使法官做出有利于己方的裁判。这对法官来说，无疑是可怕的诱惑和巨大的陷阱，一不小心就会被拉下水。其后果往往是既断送了法官的职业生涯，又损害了法律的权威。

所以说，当法官职业介入社会生活太广太深，同各类利益主体的关系太近太密，就会使得法官和当事人搞权钱交易十分容易又便当。因此，法官、司法和正义之间的统一性和协调性便会丧失，如果这种情况在一个国家中是多发的，则法律的公正性及社会秩序的稳定性、同一性便会失去，法治便也不复存在。基于此，独立性、中立性和相对消极性不仅应作为法官的特征，也应作为各社会主体和相关社会制度必须予以保证的目的。不仅是法官自己，而且所有社会主体都应明了：法官是这样的一种人，他受社会委托去权衡各种相互冲突的利益，一方面对当事各方同等对待，另一方面按照法律的立场而不是按照某些人所喜欢的立场来执行法律。这不仅是个案正义的要求，也是社会正义的立基之本。

二、检察官

检察官是依法行使国家检察权的法律职业，从其起源看，检察官源于在诉讼中代表国王行使起诉职权的专职官吏，从开始便带有行政性质。在大多数以三权分立为基本制度的国家中，立法权属于国会或议会，行政权属于内阁或国务院，司法权属于法院，而对检察部门的性质和地位并没有予以规定，它既不是于国会统治监督下的组织，也非法院般为独立的组织，它作为行政组织的一部分，却在行使着司法功能。从本质上来说，检察权起着追求刑罚权之行使的国家目的的行政作用，本质上属于行政权，由于与司法权密切相关，司法性也极强，因此，检察权既是一种行政权，也构成司法权的一部分。

由此影响到检察官制度，使得检察官在司法体系中的安排有所差异。大陆法系国家倾向于将检察官划归审判机关，但同时又规定他是行政机关派在各级法院的代理人。例如，联邦德国的检察官其司法性色彩就非常强烈；在法国称检察官为"站着的法官"（他们在法院开庭发言时立而不坐），与法官统称为法官；英美法系国家倾向于将其划归司法行政机关，但同时又承认其是行政系统中享有司法保障的独立机构，诸如美国联邦司法部兼任检察机关的职能，司法部长兼任国家总检察长，其检察官既是行政官员又是司法者，而其行政性意味非常浓厚；而英国却又不同，其在法院中附设公诉处，执行检察机关的任务，由法院中的公诉部门履行检察职能，①其只是司法者。但是对于检察事务，不管是大陆法系还是英美法系中的检察官都有自行决定权，具有职权的独立性。因此，相对于法官的职业特性而言，检察官既要作为社会公益和国家利益的代言人履行以公诉为核心的司法职能，又要履行法律监督职能，由此而兼具司法性和行政性之特点。

与法官的中立性相比，检察官具有彻底的倾向性，代表国家对犯罪嫌疑人持否定的态度；与法官的相对消极性相反，他要积极主动地追诉犯罪；而与法官的独立性不同的是他徘徊于行政职能和司法职能之间，这种性质决定了同时奉行检察官一体化原则和检察官相对独立原则产生矛盾的可能性以及平衡二者的重要性。检察权具有司法权的性质，要求检察官职权意识与职权行为必须符合司法一般要求的法律特征，要求检察官必须具有司法独立意识；而检察权所具有的行政权性质，又决定了各级检察官必须服从上级检察官的命令和指导，即检察一体制。这体现了制度设计的两难：既要使检察官具有独立司法的职能，又要使其具有行政的组织性。而如果司法权与行政权过于纠缠不清的话，检察官便将失去其独立性，其职责也会模糊不清，这显然违反司法独立和权责明晰的思想。

考察了西方各国的司法制度之后，我们发现检察官并不如我们所想象的那般难以定位，因为这些国家在司法实践中有效地抑制了行政权对司法权的介入。因此，不论是大陆法系国家多实行的审检合署的制度设计，还是英美法系既把其作为司法行政机关又使其具有司法权力的法律传统，或者我国并不完善的检察制度，其所表现出的检察官的职责一方面在于代表国家以公共利益的名义积极追诉犯罪，另一方面则在于对法律适用活动予以有效的专业性监督，二者缺一不可。再深入一些，则检察官制度存在的意义在于："一、创设检察官制度最重要的目的，在于透过诉讼分权模式，以法官与检察官彼此节制的方法，保障刑事司法权限行使的客观性与正确性；二、检察官制度的重要功能，在于以受严格法律训练和法律拘束的公正客观的官署，控制警察活动以保障合法性；三、检察官制度的作用，在于守护法律，使客观的法意旨贯通整个刑事诉讼程序，而所谓的客观法意旨，除了追诉犯罪以外，更重要的是保障民权。"②由这三点可知，检察官的职责不仅仅在于对刑事被告人的追诉，还在于"国家权力的双重控制"。作为法律守护人，检察官既要保护被告人免于法官的擅断，也要保护其免于警察的恣意。检察官制度自创始以来一直

---

① 张文显主编：《法理学》，高等教育出版社2003年版，第278页。

② 林钰熊：《检察官论》，台湾学林文化事业有限公司1999年版，第16页。

就处于警察、法官两种国家权力之间,这也蕴涵着检察官在国家权力体系中定位的方向:维护司法的公平和正义是检察官的基本追求。也意味着使司法性和行政性集于检察官一身的最终目的还在于法律的有效实施和公正行使,这构成检察官的职责基础,也使得检察官不失去其独立意识和法律精神,仍成为其职业伦理的应然要求。

三、律师

如果说法官是法律职业共同体的典型代表的话,那么律师可谓法律职业结构的基础和法律职业共同体的标准代表。首先,是因为在诉讼事务和非讼事务构成的所有法律事务中,检察官以刑事诉讼为主,法官以各类诉讼为业,律师的业务范围则覆盖了所有的诉讼事务和非讼事务。而在市场经济发达的国家中,非讼事务大大多于诉讼事务,律师所从事的非诉讼业务又几乎占到其业务的八成左右,其业务范围涉及经济事务、政治事务、社会事务和公共管理事务。因此,从法律职业群体的内部结构和规模来看,如果说它呈金字塔状,那么最上面的是业务范围较窄的检察官,中间则是以各类诉讼为业的法官,处于塔底基础位置的是覆盖了所有法律事务的律师。其次,是因为在诉讼活动中法官、检察官的分工明确、比较固定,往往形成其涉法面较窄的事实,而律师的法律知识和职业技能则更为全面,若此才能够代理各类讼案。最后,是因为律师职业的发展途径比较宽。在很多普通法系国家中,法官是从优秀律师中选择的,检察官则是由政府律师出庭公诉而具有公诉人身份的,就是在一些大陆法系国家,律师、法官和检察官之间也设有职业交换制度。因此这些国家的法学教育主要以律师的职业要求为基础形成培养目标和培养模式,唯有如此,才能使培养的法律人才具有较好的适应性。所以,美国仅有法官约5万人,而律师则近百万人,这一比例实际上也印证了这样的比喻:在发达的市场经济社会中,如果税务人员是经济警察,那么律师则是市场经济顺利运行的润滑剂。正因如此,中国领导人多次强调:中国搞市场经济需要三个"30万",即30万律师、30万注册会计师、30万税务人员。

从作为国家上层建筑的法律体系中的角色定位来看,如果说法官、检察官是为国家服务的法律职业者,那么律师则是为社会服务的法律职业者,尤其是在取得法院责任和当事人责任的平衡方面,对维护人权和司法公正发挥着重要功能。而律师越是自主和独立,对于隐蔽的法律救助要求的反应余地就越大,就越能关注权益、监督权力,因为对于他们来说,制度化的东西越少,受到的约束就越少。因此,在现代多数国家中,律师是深入社会生活最广泛的法律职业者,与法官和检察官不同,他并不具有国家职权性,而是典型的自由职业者。

自由职业的特性决定了律师必然以个人利益作为其行为起点,但法律职业的总体特征又把他规制在法律职业伦理的框架之内,要求他对自我利益的考虑不逾越正义的边界,否则就会被排斥在法律职业之外。因此,源自法律本身的社会责任是他必须承担的东西。由此使得律师成为法律职业共同体中最具矛盾冲突的角色,使得他必须对社会负有义务,既要全力维护委托人的利益,又因不得阻碍司法而止步于非法行为;既要尽力为委托人辩护,又要不贬低和激怒反方;既要获取更多利益,又要生财有道,取之有方,不得为了取悦于委托人、法庭和第三方而损害职业准则。

因此,律师的职业本质是法律业务活动与经济活动的混合体。律师的权利属于私权,而法官、检察官的权利属于公权,这是律师职业与其他法律职业的本质区别。美国联邦最高法院首席大法官曾说:"律师职业是由商人和神职人员所组成的微妙混合体。"前者以追求利益的最大化为目标,后者漠视经济上的诉求。一定程度的商业化能促进律师职业目标的实施,但过度则会损害这一职业。律师职业本身即包括着公共利益和当事人利益、当事人利益和自身利益的冲突和调和。律师职业不仅仅是"饭碗",它也应是实现自我抱负的平台。漠视律师职业的经济性或商业性,仅强调法律性和政治性,将混淆律师与法官、检察官的本质区别。

就律师的工作内容而言,在于为当事人提供法律咨询和帮助,并在诉讼中向检察官和法官展示己方的事实、证据、诉求和理由以及他们容易忽略的法律问题;其工作性质的基本方面是技术性的,除了职业准则外,不应对其附加更多的道德期望。但就职业特点而言,律师始终处于竞争之中,他必须和同业者竞争,在法庭上和法官、检察官及对方当事人巧妙周旋,尤其是在商品经济时代,作为自由职业者要最大限度地为自身谋取利益,这就可能导致一种倾向——采取一切技巧来规避法律或建议当事人轻微违法,这就与法律职业所承担的法律责任和社会责任相矛盾。那么,究竟该如何看待律师的功能和职责?

就律师个人而言,职业特性决定了律师在诉讼中必然以追求胜诉为目的,而为此目的则最易偏离职业伦理而导致道德危机,这已成为不争的现实。例如,美国某律师曾说:"我不明白为什么我们不应最终站出来直言不讳的声称,律师的职能之一是为他的委托人撒谎;我想,偶尔,我曾表示过,我相信事实如此。"一位华尔街的律师更是坦率直陈:"最令人兴奋不已的是你有错时打赢了官司"。这种现象的出现无疑偏离了律师职业的传统模式,损害了社会对其作为法律职业者本应该具有的正义性形象期待;这是律师疏忽实现社会正义的使命而片面追求个人利益导致的结果。

就我国现状而言,"尽管实务中也有许多以维护弱者权益为己任的维权律师,但通过对我国律师界最近关于律师职业定位的研讨观点以及相关社会调查数据的整理,我们或许可以得出结论,我国律师界对自己职业定位的认识和期望,主流观点是以赚钱为目的的法律技术师。在这种理念下,律师们普遍认为,自己从事这门职业,最主要的目的是营利、赚钱、谋生。为了实现这种目的,执业过程中不能为公众承担过多的责任和义务,应该遵循一种对公众无道德责任、党派性伦理的职业伦理。其实,我国大部分律师最想喊出的口号无非是,商业主义的经济自由与无道德责任感、职业主义的市场垄断与独立状态、国家主义的社会地位和保障。这实质上就是一种典型的技术性职业主义观。"[1]

种种事实使得人们既期望把律师看作正义的化身,像是一个维护法律与正义的斗士——的确有这样的律师;又往往能够看到律师扮演着邪恶、不诚实的角色,好像就是一个钻法律空子、亵渎法律的恶魔。其实,客观而言,律师既不代表正义也不代表邪恶,他只是以依法维护委托人合法权益的方式去实现维护正义的目标。律师既不是天使,也不是恶魔,只是通过参与司法活动的整体过程去体现并实现正义。

客观地看待律师角色的根据在于,律师的职责常常体现于各种冲突之中。例如,在民事诉讼中处于原告与被告的冲突之中;在刑事诉讼中则是控辩双方的冲突之中;在其他法律服务中,又是其委托人利益与相关主体的利益冲突之中;有时候,还会发生律师职业道德与社会道德的冲突。既然律师的职责是为其中一方服务,他要以维护委托人的利益为己任,就必然具有明显的立场性,因此,律师和委托人共同作为冲突当中的一方,显然不能代表正义。这正是律师这种职业所特有的突出特征。正是这种鲜明的立场性,使律师不可能成为正义的化身和公平的代言人;但也正是这种鲜明的立场性,使得律师又维护着正义。他以最大限度维护委托人

---

① 李学尧:《法律职业主义》,载《法学研究》2005年第6期。

利益的方式维护着法律的天平。作为当事人的代理人或委托人的代言人,律师以法律的中立性和技术性作为逻辑起点,将个人主义和自由主义作为哲学基础,以非伦理性和非道德性的法律操作方式,通过"无公共责任性"的代理,使多元伦理观通过宪政体制的安排在法律运作中得以体现、确立与维护,有利于对个体权利的保护,①也为其立场的鲜明性和职业的合法性提供了理由。而且,伴随着社会关系的多样化,法律日益走向复杂,普通公民面对日益膨胀的法律体系存在诸多盲区,而精通法律的律师,利用其所具有的法律知识和法律技能,以及法律职业者的身份,尤其在与司法机关打交道的过程中往往能发挥一般公民所不具有的优势,可以说,律师在诉讼中实际上行使了一种"平民司法的职能"。也因此,使得律师成为维护正义和追求公平的一种不可代替的社会职业。这就是律师职业与公平、正义之间对立又统一的辩证关系。律师不代表正义,但律师又维护着正义。从形式上看,律师是委托人利益的代言人;从本质上看,律师则是构建法律公正的必备要素。虽然律师常以"无公共责任性"代理的方式处理法律事务,不做社会伦理性和道德性的过多考虑,也会带来个人利益的最大化。但是,法律活动直接影响社会共同福利,法律职业的公益性是职业者不能忽视的,不关注公众利益并对其负责将会使法律业务从一项职业转变为服务性交易。虽然律师的工作目的总是现实的,大多数人的出发点是经济利益或仅仅因为这是工作而已,并不是出于某种理想化的动机,但是世界各国的法律制度或律师制度都没有任由律师倾向于完全趋利。例如,法律制度中的指定代理、法律援助,以及向贫困者或慈善机构提供免费或减费的法律服务等,甚至有些国家还有专门的公益律师。这些都表明使律师承担一定的社会义务不仅是法律职业的需要,也是社会正义的需要,律师既可能具有私利,又应当承担责任。西方多数国家的法官、检察官也产生于具有丰富司法实践经验、德高望重的律师,这也是以法官和检察官职业的神圣和庄严作为律师行为正当的坐标和指向。

从本质上来说,律师追求的个人利益、当事人的合法权益以及社会正义这三者之间的关系是统一的,当事人合法权益的实现,是律师追求利益最大化的最佳条件,从结果上来说,也最终实现了社会正义。因而作为当事人的代理人和代言人,为当事人据理力争是分内之事,也是维护公民的基本人权和实现社会正义的应有之义和有效途径。但是要为当事人据理力争,在尊重当事人合法权益和法律尊严

① 李学尧:《法律职业主义》,载《法学研究》2005年第6期。

的前提下实现个案的胜利,而非不顾道德准则和事实真相以合法的形式达到各种不正义的目的。因此,就律师与委托人的关系而言,律师的业务基础在于当事人的委托,他必须尽全力维护委托人的合法权益,并在此基础上实现个人利益。这其中,忠诚是一个基本因素,这是律师与委托人之间关系的一般原则。但是,律师的角色不是委托人的党徒,作为独立的法律职业者,律师一方面要独立于委托人,另一方面要对法律负责。

就独立于委托人而言,首先,律师代理,包括指定代理,并不意味着律师对委托人的政治、经济、社会或道德观点及行为的赞同,律师的职业责任在于对委托人的目的进行评估,并相应地校准律师本身的行为;其次,律师有权力决定行事之方法。为了保证有效的代理,律师必须能够"控制当事人",以确保当事人的行为遵从律师的引导。尽管律师必须尽最大努力热忱地为委托人的利益服务,但是律师不一定要为委托人争取每一个能认识到的利益。律师在其职业能力领域内,有运用战略、战术问题的最终定夺权。

就对法律负责而言,当事人仅能就本案得到律师的忠诚,因为律师在另一案中可能必须坚持相反的观点。基于这种职业性质,律师的行为只能以法律为标准和取向,否则会失去职业本身的确定性。同时,律师要常常抵制当事人的压力并使他们认识到他们所处情形的严峻事实。在这个意义上,律师是作为一种缓冲器站在当事人的未必合法的期盼和社会的利益之间;在这里,与其说他代表着当事人,不如说他代表着法律。因而,为其有效代理,律师决不能鼓励或帮助委托人去犯刑事罪或教其如何违法又能免受惩罚。律师毕竟是为社会服务的法律工作者,其业务活动以公众的信赖为基础。律师的言行是当事人认识法律和司法的主要信息来源。律师不正当的行为,不仅损害当事人的实际利益,而且是当事人产生法律不严肃,法律职业者不正的印象和认识;这不仅会严重破坏法律和司法的信赖基础,而且会对行业的生存造成威胁。因此,律师不仅要胜任和诚实的代理当事人,而且也要维护法律,应通过适当的合法手段,为其委托人寻求合法利益。也因此,除了自然淘汰,律师本身的自律是自身和行业发展的关键要素。如果律师的道德大厦崩溃了,那么这一行业就将无以为继。为此,作为自由职业者,其职业活动虽不受国家职权的控制和干涉,但仍应保持其自身应有的品格,维护律师界的整体声誉和形象,从各国司法实践来看,律师协会作为行业性自律组织对维持律师本身的严格自律起到了很好的作用。

另外,作为职业的一个特点,在法庭上,律师总是代表着当事人一方对抗另一方或是对抗国家公权力的追诉。作为一支相对独立的力量,也作为对立于国家的一种方式或手段,律师的存在将在很大程度上制衡权力,并最大限度地减少并防止对权利的侵害。同时,作为司法专横的对立物,他们也是促动司法过程中的民主的因素。然而这也就使律师总是处于一种被对立的地位中,而律师又不像法官和检察官那样有着可依凭的权力,因而明确律师的权利以保障律师的合法地位和权益从而增强其对抗性是这一职业最需要的。例如,赋予律师豁免权、调查取证权等,既可以减少律师的后顾之忧,使其大胆进行辩护,又可使律师在诉讼中与执法人员地位平等;这也是律师正义得以实现的制度保障。

社会的发展及分工的日益细密也带来了法律专业的细化,专利、税务、商事、信贷等专业律师的出现极大地加深了法律事务的专业性。律师职业的这种专业化发展方向不仅迎合了社会对法律的需求,而且也将带动整个法律职业的专业化;这也是法律职业群体共生和共发展所必然要走的道路。

四、法学学者

关于法学学者应不应成为法律职业共同体中的成员,存在不同的见解。分歧主要在于实务部门中的法官、检察官、律师间的同质性更为充分,而学者的职业性质和工作内容与前者有很大不同。传统观念甚至认为学者只有在权力关系暂不发生作用的地方才能发展知识,即只有在命令、要求和利益之外知识才能发展,因此远离法律实践领域是获得和发展知识的条件之一。

例如,就我国的情况来看,有学者认为法学学者并不是法律职业共同体中的一员。"首先,教师向学生传授的主要是法律知识而不是法律技能。因此,承担法学教育的法学教师,实际上扮演的是一个知识分子的角色,其功能与普通的大学教师别无二致。法学教师被作为法律职业圈外的一类人来看待,与法官、检察官、律师等不是一家人。其次,法学教师是法律的旁观者,他以局外人的外在眼光来观察和评价法律,他们所传授的知识和方法并不能给法律从业者提供前提性条件,因此,法律职业并不依附于大学教师和大学的法学教育。最后,法学教师的法律思维方式并不完全转化为法律职业思维方式,而是一种人文社科式的知识性思维方式,因而与法律职业者的法律思维模式并无通约性。这些差异导致法学教师被排斥于法律职业的群体外。此外,由于法律职业长期以来被认为是一种专门工作,法律职业者与作为知识分子的法学教师难以形成思维方式上的相通性和共同性,于是法学教师也就很难融入一个以思维方式、利益为共同基础的共同体中,相反,他们之间在法律情感、法律评价、职业志向等诸多方面都存在长期的截然对立和冲突。①但是,我们也可以从另一个角度来看我国的现实。首先,虽然法学教师是大学教师中的一部分,但是他们兼职律师职业,在法律事务部门挂职,担任实务部门的特聘教授等情况并不少见。他们并没有脱离法律实践,其思维方式与法律职业思维方式是可通约的,与其他知识分子有明显的不同,因此不能完全把其作为法律职业圈外人来看待。其次,大学教育所传授的法律知识是作为法律职业者必备的要素,进入法律实践领域所要通过的司法考试也主要以这些法律知识作为考试内容,且不说在体制安排下法律技能的习得是由实务部门来承担的,即传授法律知识又培养法律实务技能已然是我国法学教育中改革的方向;因此,不能把大学教育中的偏颇作为否定法学教育为法律从业者提供前提性条件的理由。最后,在构建法治国家的目标下,以及在司法体制的改革过程中,法治理念和法律精神在法律职业者当中已得到相当程度的确立,"专政工具"的法律职业性质已经得以转变;法官、检察官、律师、法学学者们在法律情感、法律评价、职业志向等诸多方面也存在一定程度的融合。从这三个角度来看,也可以得出我国的法学学者是法律职业群体中的一员的结论。

而且,毕竟学者和实务部门的法律职业者们共同担负着发展法律的使命,现代社会的发展也使对"权力知识关系"的分析并非完全建立在"认识主体相对于权力体系是否自由"的基础之上,发展新的法律知识领域和预设并建构法律权力关系始终处于互动的过程之中,现实中学者和实务者之间存在的流动关系,也向我们证明了这一点。德国和日本的法律中就有法官可直接从法学教授中选择的规定,是为流动;《德国民法典》的理由书中甚至明确指出,"在缺少立法措施之场合,以法学为法",在法律解释存在疑义时,对此拥有最终决定权的,不是法官而是教授;在欧洲大陆,经过法律学者评注的先例具有最高效力,而法院的判决却在其下,学者的权威可见一斑;而在美国的法律职业发展过程中,其职业类型几乎全部是律师中分化而来,包括法律教师最初也是开业律师中的一部分人拿出自己的部分时间进行法律教育工作,由此形成一个特殊的法律职业群体,法律学者群体。他们不为利益驱

---

① 杨海坤、黄竹胜:《法律职业的反思与重建》,载《江苏社会科学》2003年第3期。

动,不顾同僚的偏见,只为自身兴趣而发展法律理论;学者与实务者的一体化不言而喻。至此,无须赘言,学者作为法律职业共同体中的成员理所当然。

斐迪南在《共同体与社会》中说:"共同体的意志形式:具体表现为信仰,整体表现为宗教;社会意志形式:具体表现为学说,整体表现为公众舆论",①而"法作为应该和许可做、要求做或允许做的事情的内容,从根本上说是一种社会意志的客体。"②因此,如果说法律职业共同体的意志具体表现为对法律的信仰,那么社会的意志、法学学说,就要靠法学学者来完成。

任何时代都必须重新书写自己的法学,这是时代进步对法学学者的要求。如果说法官、检察官、律师们是法律的严格解释者,他们所关心的是法律事实上是怎样,那么法学学者就是法律宗旨的探求者。他们所关心的是法律应该怎样;他所做的就是尽自己的力量去探索,正确地使用法律的术语提出自己的看法,使法律的原则和正义保持一致,使法律尽可能确定并必须正义。制度的演进也是知识积累的过程;当法律知识的累积足以促动人们意识的转变时,法律制度才会随着思想的飞跃而进步。法学学者透过法律上的一般概念的眼睛观察时代的跃动,观察每个个人的具体命运,思考法律所应该做的和能做的是什么,从而以法律的精神和正义的力量为时代的发展和个人的权利提供完美的诠释和保障。它所带给人们的绝不仅仅是法律规则本身,而是以先进的法观念使法律精神和正义力量深入人心。因此,无论是"法律面前人人平等"还是"罪行法定",无论是"意思自治"还是"私有财产神圣不可侵犯",无不渗透着法学学者追求进步的思想、探求完美的立法、走向正义的真理之路的拳拳之心,也展示着法律制度随着思想的跃动而迈进的步伐。

没有单独哪种学术思想或进路,能够永久地捕获法律的复杂性。因此,法学学者不断地探求法律宗旨的目的在于及时为社会提供法律的指引。在立法尚未做出反应的情况下,以敏锐的洞察力感知社会现实和立法需求,在学术上不断地创新,为引导和规范社会生活的新气象、新问题提供指引和参考。因为学理的解释和研究为实践中的摸索提供了种种可能,并可节省实践中的资源消耗,同时缩短制度建设的时间。另外,法庭评议和判决理由与法律教育和法律理论之间存在反馈机制:对一些案件中出现的特殊问题,往往是一些理论学说提供了解决问题的方法。因此,对学识的强调和增进,势必会使法律体系的合理化程度得到不断提高。

---

① [德]斐迪南:《共同体与社会》,林荣远译,商务印书馆1999年版,第321—322页。

② [德]斐迪南:《共同体与社会》,林荣远译,商务印书馆1999年版,第329页。

同时,让学术成果在现实中生根开花是学术研究的真正价值所在,然而这又不仅仅是学者所能够完成的。在全社会的法律观念成功改变之前,任何学术成果都不可能顺利地转化为可践行的法律制度。因此,需要学者跳出象牙塔,跳出狭义的范围和司法领域的局限,拓展研究视阈,兼顾社会中的其他领域,以综合的、整体化的视野和思维思考法律问题和社会问题,把法律思考转化为对公众和社会的法律关怀,把自身的法律思想转化为社会的法律共识或是公众舆论,让社会体会出法律的良好愿望,从而使公众达到对法律条款的合理性的充分信任。并因此不仅影响律师、法官和检察官们,而且影响为数众多的治国之才,为社会造就具有法治思想的各行各业的职业者,使法学不仅成为正义之学,而且成为治国之学、强国之学和安邦之学。

不仅如此,司法实践中法律职业的实务者们面对种种的诱惑和压力,有可能使司法结果偏离法定价值。此时则需要学者们拿出宝贵的勇气和智慧为权利而"斗争",批评和修正有违法治精神之行为,重建或再建法律价值。之所以说是"斗争",必然意味着想他人所不能想,言他人所不敢言,面对着种种烦琐、复杂、压力和个人利益,敢于以法律的精神和正义的力量从高视野和高角度提出前见和预见,推进法制的创新和法律理念的进步,引导新生事物,解决新生矛盾。因此,始终保持理想的法律价值体系的完善和完整,从历史的、学科之间的、逻辑的和社会结果等的相当广泛的角度评价法律和法规以及有关的理论,是学者在维护法治、推进法制改革中所肩负的重任和要做出的学术上的贡献。

要做到这些,法学学者本身必须适应现代社会的需要,随着社会的发展变化而转变视野和思维,并勇于挑战自己昨天的知识边界,以批判和独创的精神设计出符合社会需要的理念和法律。如果说在过去,法学学者的任务在于设计一套机制用于消除危险,束缚盲目的或躁动的居民,避免大规模聚会造成的烦扰,那么现在他们则被要求设计一种起积极作用的,能够强化对每个人利用的,把各种力量引入一种经济系统从而转变成生产力的机制。因此,就必须研究利益及其变化、研究人们考虑利益的方式,研究如何调动各种积极力量,如何减弱各种可能的消极力量,找出其中的法律关系;同时一定要看到将来,设想各种可能发生的偶然情况,然后运用适当的法律语言为各种意外做好准备。

第四节　法律职业共同体与法律职业群体

一、法律职业共同体所具备的条件

中国的法律职业共同体形成了吗？虽然我国也有法官、检察官、律师、法学学者等这些共同体的基本结构元素，但是他们所形成的整体称为法律职业群体尚可，若要形成法律职业共同体则还有待时日。主要原因在于这一职业群体的同质性尚不具备，而共同体实际是指具有共同性质、其成员对其有归属感，并且维持着形成社会实体的社会联系和社会互动的群体。

一般而言，形成法律职业共同体需要具备三个因素：一、形成群体；二、因法律职业而形成群体；三、具有同质性，即有共同的伦理、知识结构、精神气质、行为模式、思维方式等。就我国的法律职业现状而言，具备了前两个因素，而在第三个因素上尚不完备。

从社会学的视角看，群体形成需要五个必要条件：（1）共同的目标和兴趣；（2）基于一定角色分工的组织性；（3）制约成员行动和关系的规范；（4）统一的情感；（5）互动的持续性。可以说群体是比社会关系更高层次的社会关系。由于构建法治国家已成为我国的基本国策，就具体支撑法律大厦的职业者而言，这本就是他们的基本理念，并因此有着对法治的追求、对法律的坚守等基本的法律情感；我国的法官、检察官、律师各有明确的职责分工，大学教育中也有相当数量的法学学者，针对不同职业类型都已形成了较为成熟的职业规范；各职业类型间已形成基本的职业交流和互动机制。所以说，我国已形成一定规模的法律职业群体。但是，这一群体在专业化方面还很欠缺，由此影响到共同的伦理、知识结构、精神气质、行为模式、思维方式等的形成，则使得职业群体的同质性难以构成。

要形成专业的职业化群体则需要更严格的条件，有社会学者从专业社会学角度出发，概括出充分成熟专业的六条标准："（1）是一个正式的全日制职业；（2）拥有专业组织和伦理法规;(3)拥有一个包含着深奥知识和技能的科学知识体系,以及传授获得这些知识和技能的完善的教育和训练机制;(4)具有极大的社会效益和经济效益;(5)获得国家特许的市场保护;(6)具有高度自治的特点。"①如果以此标准来对照我国的法律职业群体,显然,在第3、4、6条尚不能形成完全的对应,而职业、国家、高校和社会这四个实体要素不能形成合力,法律职业的发展就没有正确的取向;这四个要素间不能形成协调的互动作用,法律职业的专业化工程就难以成就。

二、我国法律职业专业化的缺失

我国法律职业专业化的缺失主要表现在两个方面:

第一、法律职业者间素质参差不齐,法律学识的专业化达不到要求。目前,我国法律职业人员的来源除了普通高校培养出来的以外,相当一部分是通过其他方式产生的,如军队干部的专业、工人提干、单独招考、干部调动等途径。由于来源口径较宽,专业化的法律学识就很难在职业者中得到统一。即使在司法系统内进行再培训,也许可以获得基本的法律知识和法律技能,但若适应复杂的社会关系的变化,非拥有经长期学习和熏陶才能具有的法律学识,则难以满足社会的专业化需求。从以下数据可以看到我国法律职业者的素质结构:"截止1994年,全国没有达到法律大专程度的法官大约近一半。截止1997年,在全国法院系统25万多名法官中,本科层次占5.6%,研究生仅占0.25%",②"检察院18万名干部中,本科层次的占4%,研究生占0.15%",③这些较低的百分比表明,至少在1997年之前,在司法系统中受过正规法学教育和法律训练的司法人员人数甚少。相比之下,律师的专业素质好于法官和检察官,原因在于自1986年开始,我国开始实行律师资格全国统一考试制度,由于这一考试在教育背景、法律专业知识和技能方面都有要求,使得律师的整体素质快速提高,律师职业也逐步走上了法律职业化的道路。到2001年7月,律师资格考试已举办10次,有近百万人报名参加了考试,有近20万人通过考试取得了律师资格。随着2002年全国统一司法考试制度的正式实施,在首次司法考

---

① 赵康:《专业化运动理论——人类社会中专业性职业发展历程的理论假设》,载《社会学研究》2001年第5期。

② 石茂生:《法律职业化》,载《河南社会科学》2002年第4期。

③ 张卫理:《中国需要大批法律人才》,载《法制日报》1997年10月3日版。

试中,不少在职法官、检察官通过率不理想的原因,虽与他们的专业分工比较固定、涉法面较窄有关,但也与他们的法律学识较不完备有关。由于出任法官、检察官者也必须取得司法资格证书,所以这一制度确立以来,才实质性地促动了法官、检察官专业素质的变化。

可以看到,司法人员的素质结构发生了明显变化,有了明显的提高;也可以想见,随着制度的完善和严格要求,司法人员的学历层次仍将持续提高。但是这些并不能说明,这就完成了司法执业人员法律学识的更新。因为其中还有相当一部分人并没有受过专业的大学法学教育,非法学专业人员参加司法考试在我国也是允许的,转业军人进入司法机关仍是一条专业之路,还有相当一部分司法机构原有学历较低人员是通过短期培训和学习等速成方式取得所要求的学历的;所以说,从具有法律知识到具备法律学识的跃进,在司法职业人员的身上并没有真正完成。

第二,法律思维作为法律职业独特的思维方式,在中国法律职业者中并未真正确立,以非法律性和非专业性的技能处理法律事务的情况仍广泛存在。所谓法律思维,是指对问题做法律化思考或优先思考,尤其对于法律职业者而言,"对利于弊的权衡,对成本与效益的比较以及对善与恶的评价,都不能代替法律的标准和结论,且对于公共政策的制定和实施而言,法律思维方式应当具有优先的位次,离开合法与违法这个前提去单纯思考利与弊、成本与收益、善和恶等法治原则所不能允许的"[1]。然而,中国几千年来所形成的根深蒂固的伦理化的思维方式和革命战争时期所形成的政治化的思维方式,却阻碍着法律思维的形成和普及。尤其在我国偏远落后地区,一方面缺乏专业性的法律人才;另一方面法观念、法意识并未在民众中得以普及和认同,在解决法律问题时难以按照法律思维和法律逻辑使问题得以有效解决,司法人员往往需要以综合运用伦理观念、乡规民约、地方权威、人情等技巧使纠纷和矛盾得以化解,而其中有可能存在违反正式法律的情况,但若非如此就不能使问题得以有效解决。而政治化的思维方式对职业者法律思维方式的形成也颇有影响。政治化的思维方式是指观察问题、思考问题和解决问题从政治或主要从政治的立场、观点、方法出发,由此产生一系列的政治性观点。改革开放之后,随着法律体系的逐渐完善、司法体制的不断改革、职业者专业性的不断增强,政治化思维方式也日渐淡化。但是,法制改革当中的政法体制改革仍然存在一些瓶颈问题尚没有解决;公法与私法合理划分,从而明确私权的独立地位、私人权利和义

---

① 郑成良:《现代法理学》,吉林大学出版社1999年版,第10页。

务的协商性以及私人权利的不可侵犯性,改变法律对社会经济、文化、政治的调整,从罪与罚的强制性调整方式转化为权利和义务的协调性调整方式等,这样的法律体系重构目标尚未完成;同时法律精神的转化,为权利本位与人文精神统合、契约自由与宏观调控统合、效率优先与社会公平统合、稳定和发展统合等精神,这一法制改革的重心和难点也未完全实现。这些问题使得政治化思维方式仍然在法律职业者身上不时显现。

综上所述,我国法律职业者非专业化的倾向仍然比较明显,专业化的法律学识、法律思维、法律技能甚至法律职业伦理未能形成统一,法律职业群体的同质性就不具备,法律职业共同体就没有成就的条件。因为"建立法治社会必然要求法律界成为一个更有力量的群体,而欲使法律界有力量,同质性是一个基本要求。反过来说,使一个职业力量削弱的最有效的方法便是设法让层次多样,品类不一的各色人等都进入其中,另外,成员们语言无法沟通,规则因人而异,标准难以认同,各吹各的号,各唱各的调,团体云乎哉!"[1]而"法律以及司法标准的稳定性并非来自于立法,而是来自于法律家们的推理方法,来自于表达意义所使用的语言,也来自于法律职业者的同质性所产生的对知识与行为两方面的制约"。[2]

---

① 贺卫方:《中国法律教育之路》,中国政法大学出版社1997年版,第116页。

② 贺卫方:《法律职业的方法基础》,载《人民法院报》2002年4月1日。

第二章 法官与法律职业共同体

第一节 法官的产生及特征

一、法官产生的基础

从现代司法理论上看,司法权是国家统治权的重要表现形式,它具有多种属性;从权力的来源上看,司法权是属于宪法赋予的,与立法、行政并列的国家基本权力;从司法活动的内容上看,司法是由国家设立的专门机构专司解决一定法律主体间法律纷争的活动;从司法权的行为特征上,它是一项裁判权。如果我们从司法裁判活动的普遍性特征上看,司法权体现的是国家权力在解决纠纷领域中的运用,并不为任何一方当事人所利用。

在西方的传统中,司法被认为是对公正的经营或是公正的实现。在最古老的基础文件中,我们也发现了"公正性"这一概念的渊源。例如,《圣经》中有如下文字:"那么我要求你们这些法官,你们要听你们兄弟陈述的理由,然后你们来公正地裁决每个人的事情,对待你们的兄弟就像对待外乡人一样不要有区别。在作出判决的时候,你们不得偏向任何一方;听取小人物的意见如同听取重要人物的意见一样认真,不要惧怕任何人,因为真正的判决属于上帝。"[①]由此可见,公正自古以来便是人类最古老最基本的伦理概念。

---

① 《法官的公正性指导性原则及有关建议》,载怀效锋主编:《法官行为与职业伦理》,法律出版社2006年版,第200页。

"社会正义原则的主要问题是社会的基本结构,是一种合作体系中的主要的社会制度安排。"①在古代社会,并不存在分权之说,国家的一切权力都由国王所掌握。由于国王是唯一的立法者,也是唯一的最高法官。国王是在他的统治区域内、在所有的民事与教会案件中、可对所有人做出裁断的最高法官。②所谓的法官,是由国王根据自己的喜好来任命的。也就是说,没有国王的任命,"不管他的理性效用是大是小,他也不会因此成为法官,他之所以成为法官,只因为国王任命了他。"③这种依靠国王的喜好而任命的法官,并非现代意义上的法官。比如,在中国古代,皇权统摄一切,高度集中,没有独立的司法权,所以也就没有真正意义上的法官。但是,没有法官,审判权如何来行使呢? 于是,在中国古代,行政力量就很容易介入司法审判中,这样也就特别容易制造出冤假错案。中国古代有一个很复杂的审判系统,有时候一些案件要重复地经过好几次审判,这就是所谓的三司会审,这种审判的确可以追求一个更精确的结果,不冤枉一个好人。但我们不能不关注到,审判机制越复杂越多,其审判过程中行政力量介入的机会也就越大。一个案子也许一开始是判对了,但是后来由于某些行政力量的介入,结果又把它给扭曲掉了,这种事例很多。因此,古代社会的"法官"指的是,由统治者(国王)依据自己的爱好任命并实际赐予其处理与解决社会纷争的资格。

从西方法官历史的演变过程来看,"法官"的产生完全是由统治者权力让渡的结果。统治者将司法权让渡出去,究竟是一种理性的选择还是非理性的冲动? 这个问题从法律角度可视为:法官究竟是属于一般社会利益的代表还是特定利益的代表;而从哲学视角看:人类最初的愿望是互相征服还是互相帮助。在远古时期,由于人类感觉自己是软弱的,于是互相依靠与帮助是人类得以生存的第一需要;又由于人类的软弱本性,民主应该是他们当时首选的理性议事规则。理性行为象征性的被界定为某种性质的利益最大化,而霍布斯那种"人类最初的愿望是互相征服"的说法,一般被认为是不合理的。因为,民主选举应该是人类社会产生初期的

---

① [美]约翰·罗尔斯:《正义论》,何怀宏、何包钢、廖申白译,中国社会科学出版社1988年版,第54页。

② [英]托马斯·霍布斯:《哲学家与英格兰法律家的对话》,姚中秋译,上海三联书店2006年版,第21页。

③ [英]托马斯·霍布斯:《哲学家与英格兰法律家的对话》,姚中秋译,上海三联书店2006年版,第14页。

一项基本的制度,只有通过选举,人们才能最大限度的聚集全社会的共同意志与力量,克服人类的弱点,抵御困难。但民主的议事必须要有一个或几个人来主持,否则七嘴八舌,议而难决。于是,具有历史处境经验的年长者,辈分较高的人被推举出来。因为只有这些人本真地理解社会世界的深刻逻辑,也只有他们是村中或部落中拥有权威的人士,他们才特别有资格将氏族社会的传统规则适用于特殊性事例。当然,我们"一定要随时提醒自己注意,认识和理解不是一次性就能完成的,理解世界的本性意味着一条艰苦的道路。人们可能被意见、偏见遮蔽了自己理性的眼睛"①。

二、法官产生的不同路径

由于各民族的发展路径是不一样的,因此法官的产生路径也是不同的:既有从氏族社会范围中民主选举产生的,也有从贵族范围里民主选举产生的。

(一)由氏族社会范围中直接选举产生法官

在这种场景下,司法权是属于全民的;也就是说,审判权是由全体社会成员直接行使的。所以,全体社会成员都有成为法官的可能。当在公民大会上遇有重大问题需要做出裁决时,全体公民都有表决权。比如:在古希腊,大部分审判权是公民直接行使的。公民会议机构作为法院起作用,大会开会时临时选举或抽签决定法庭组成人员。据说那时候的雅典共有10个族,而每个族可以选出600人。也就是说,由公民抽签选择出的法官人数可以达到6 000人之多。在雅典,享有初审权的500人的议事会的成员是抽签产生的。陪审法庭是希腊的最高审判机构,它的成员也是抽签产生的,直接来自民众。②雅典人认为,这是非常令人满意的"法律审判民主",一切权力无一例外地落入了大众手里。③当然,不是每次审判一定非要有6 000人不可。苏格拉底就是被民众法庭判处死刑的,参加苏格拉底审判的法官有501人。但民主的主要含义不是主体意义上的,而是一套保障人的尊严的制度

---

① 赵明:《实践理性的政治立法》,法律出版社2009年版,第151页。

② [古希腊]亚里士多德:《雅典政制》,日知、立野译,商务印书馆1978年版,第二编《雅典宪法》。

③ [古希腊]亚里士多德:《雅典政制》,日知、立野译,商务印书馆1978年版,第46页。

与规范体系。大众裁判由于缺乏一种实体法的依托,在裁判程序上显得高度武断。

又比如:在古罗马,重要的司法职能始终由民众大会所掌握。古日耳曼人的法院分为部族法院,每一法院都是由辖区内全体自由民组成,在成文法时代,法院的主席与裁判权全无关系,判决由自由民组成之会议做出。在大陆萨克森人中,判决则由领接区域内或千户区内的全体人民做出。①这种由社会对司法权进行的控制,在中世纪仍然存在,只是出席裁判的人员的范围有所缩小而已。还比如:在法兰克人那里,"早期的法庭并不是由常任法官组成的。因而法兰克的临时主法官都是针对某一特定案件从民众中选出来的。从任何意义上说,这些从民众中选出来的人都不是经过专业训练的法律人士,他们的主要工作是负责军事或是农业方面的事务,可是他们经常性的作为法官来断案。"②

由此可见,由民众选举产生法官的前提是审判权由全社会所掌握。而民众选举产生法官的目的:一是为了使审判更加公正,因为民众知道谁是专家;二是为了防止腐败,因为民众"在选择一位将领的时候,是很有本事的。他们知道哪一个法官是辛勤的,知道很多从法院回来的人对他都感到满意,知道他不曾有受贿的嫌疑。人民知道这些,已足以选择一位裁判官了"③。"知道"这个词的表达在这里不是随便的,而是具有深刻的意义。如果我们在先民的思维内容中认识到法官选举产生的目的,那么这个认识使他们获得了一种知道,并且不仅仅是关于一个不公正的裁判会是怎样的结果,而且也是关于这个不公正的裁判是怎样的形式。这表明:人类已经理解了审判公正的含义是什么。

专业人士的出现,显示了古代社会秩序中由理智的闲暇时间和必要时间的重新分配所产生的民主形式,亚里士多德在《政治学》第4卷和第6卷中就认为,"最好的民主形式应该是现实的仔细与虚构的感知这个双重性的平面之上预测那些划定边界的格局。并指出最好的例子正是无薪酬的法官职位。通过保留实体特权,这一做法允许给予所有人以权能。也正是这种做法,每个人都会占据适合于他的位子并获得满足。穷人并不希望拥有法官的职位,并且他们并不嫉妒那些行使法官权力的人,因为这种职位并不能带给他们利益。他们出于获得利益的私人感情而自愿放弃了追求荣誉的公共情感。富人将行使法官的职位但不能因此而增加其财

---

① [美]孟罗·斯密:《欧陆法律发达史》,姚梅镇译,商务印书馆1943年版,第32页。

② [比]卡内冈:《法官、立法者与法学教授》,薛张敏敏译,北京大学出版社2006年版。

③ [法]孟德斯鸠:《论法的精神》上册,张雁深译,商务印书馆1982年版,第9页。

富,满足其集体荣誉而付出:正因为他们是最优秀的,他们不想被那些不太优秀者统治。这样,私人的情感和公共的情感将得到很好的分配。"①

由于一般民众的真正情感只在于获取利益,所以,他们只能通过缺席的方式才与政治发生联系。"出席审判会议成为小地主及无地自由民之负担,为减轻穷人负担,查理大帝在公元769年公布一法令,将法院之正规集会限于二次。在其后的法令中,免除小地主出席法院集会之义务。"②此时,形式上司法权还由全社会享有,全体民众都有资格通过公民大会被直接选举担任法官,但实际上司法权是由部分富人所掌控的,实践中被选法官一般都是村落中最有权威的人。孟德斯鸠也认为,"多数公民有足够的选举能力,而不够被选资格。"③也就是说,多数公民有足够的能力听取他人关于处理事务的报告,而自己则不适于处理事务。欧洲大陆是在11世纪前后,英国则是在诺曼底公爵征服以后,这种民众法院才被封建法院所取代。④

(二)由贵族范围里民主选举产生法官

这是贵族政治的特征。在古罗马王政时期与共和时期,虽然具体做法有差别,但法官从贵族群体中选举产生是普遍存在的,具有审判职能的元老院的成员也是这样选举产生的。在古罗马,大裁判官每年都会造一份名单和表册,把他所选定在他任职年内担任法官职务的人员提出。每当遇到案件发生,人们就会从这个名单或表册中选派相当名额的法官去审理。

三、法官的起源和发展

法官的出现是人类社会发展到一定历史阶段的产物。在原始社会后期,随着社会生产力的发展和阶级的产生,出现了国家和法律。由于法律的出现和不断发展,以法律为职业的从业人员也越来越多,内部分工也越来越细。不但有法律实际工作着,而且有法学研究工作者。恩格斯曾指出:"在社会发展某个很早的阶段,产生了这样一种需要:把每天重复着的产品生产、分配和交换用一个共同规则约束起

---

① [法]雅克·朗西埃:《政治的边缘》,姜宇辉译,上海译文出版社2007年版,第15页。

② [美]孟罗·斯密:《欧陆法律发达史》,姚梅镇译,商务印书馆1943年版,第114页。

③ [法]孟德斯鸠:《论法的精神》上册,张雁深译,商务印书馆1982年版,第10页。

④ [美]伯尔曼:《法律与革命——西方法律传统的形成》,中国大百科全书出版社1993年版。

来,借以使个人服从生产和交换的共同条件。这个规则首先表现为习惯,不久便成了法律。随着法律的产生,就必然产生出以维护法律为职责的机关——公共权力,即国家。随着社会的进一步的发展,法律进一步发展为或多或少广泛的立法……随着立法进一步发展为复杂和广泛的整体,出现了新的社会分工的必要性:一个职业法学家阶层形成起来了,同时也就产生了法学。"①

(一)西方法官的起源与发展

西方的法官有着悠久的历史。早在古希腊时期,雅典就设有一些比较复杂的司法审判组织。雅典城邦最初是氏族贵族专政的国家,开始适用习惯法。而习惯法是秘密地被援用的,氏族贵族常常随意按照自己的意愿去理解法律、庇护贵族、迫害平民。因此,广大下层平民要求制定成文法。公元前621年,氏族贵族被迫让步,授权执政官德古拉进行改革,制定成文法。后来又经梭伦、克里斯提尼等人的立法,逐渐地建立了雅典的法律体系。为了保证法律的贯彻实施,雅典设立了一套司法审判机关,并规定了一定的诉讼程序。雅典的司法审判机关比较复杂,除国家部分机关行使有关职权外,还设有一些审判组织。最古老的审判机关是阿留帕克,稍后则有埃非特法院,梭伦改革时期设立了陪审法庭,不久后又建立了四十人法院。此外,还有主要审理民事案件的迪埃德特以及处理矿井、海外贸易、破坏宗教仪式和秩序等有关案件的专门法庭。在这些司法机关中,就有了专门的审判人员。

古罗马时期,建立在罗马奴隶制经济基础之上的罗马法,对于后来欧洲很多资本主义国家的法律,特别是民法的发展都有着很大的影响。上古时期,罗马还没有设立专门惩罚罪犯的组织。当时,除由国家机关(如民众大会、勒克斯等)审理犯罪案件外,还组织了特别机关去审理重要的案件,其中主要是关于暴动、叛变以及杀害罗马公民的案件。但特别机关对这些案件只能审理,不能判决,判决权仍掌握在民众大会和勒克斯等手里。到了罗马共和国时代,判处罗马公民的死刑及肉刑的权力属于最高长官,首先是执政官。对他们的判决如有不服,可向百人团大会提出上诉。但对狄克维多的判决例外,对它的判决不准上诉。共和国后期,由于犯罪案件增多,需要迅速处理,于是建立了常设的刑事法院。该法院的法官是从元老和富

① 《马克思恩格斯选集》第2版第3卷,人民出版社1995年版,第538—539页。

有公民中挑选,人数为300—450人,一年改选一次,受最高裁判官领导,审理案件时由30—40名法官主持。由于刑事法院的设立,民众大会便逐渐丧失了它原来所享有的司法审判权。任何公民在得到最高裁判官同意后,都可以提起诉讼。案件审理时,法官先要听取原、被告双方或他们的代理人所做的陈述,然后审查证据,最后进行裁判。裁判时法官进行表决,按多数票决定,判决后不准上诉。到了罗马帝国时期,国家独揽司法大权,他亲自裁决或者委派其亲信官吏审理案件,从而完全剥夺了民众大会在司法审判方面的职权。刑事法院的司法审判权也逐渐缩小,最后全部取消。

中世纪的欧洲,宗教神学统治一切。在教权与皇权的斗争中,随着教权的胜利,教会为行使其广泛的司法权,建立了不同等级的教会法院,构成了独立的宗教法院体系。主教法院是宗教法院的第一审级法院,由主教或主教代理人主持,统称为"寺院裁判官",有的在它之下还设有专门法庭。对以上各种法院的判决,均可以上诉至罗马教皇及其全权代表的法庭。教皇法庭是所有教会法院的共同最高审级,教皇对上诉案件既可授权当地寺院裁判官按教皇训令进行审判,也可由教皇委派全权代表组成特别法庭判决。宗教法院不仅管辖神职人员的案件,而且管辖非神职人员的婚姻、家庭、继承以及所谓"亵神"等民刑案件。宗教法院的法官均由僧侣充任。在这一时期,世俗社会的审判权主要掌握在大封建主手里。封建领主在自己的领地内握有生杀予夺之权。不过,从12世纪开始,英王开始派出王室法官在全国各地巡回审判,由此,英国的中央司法制度逐渐形成,法官职业也随之得到发展。

近代资产阶级革命的胜利使法官职业得到迅速发展。受洛克、孟德斯鸠等人的影响,英国、法国等资本主义国家的政治制度基本上是按照分权理论模式建立起来的。例如,美国存在两套法院组织系统,即联邦法院组织和州法院组织系统。美国联邦法院的法官都由总统提名,经参议院同意后任命。除极少数特别法院的法官外,法官一经任命,终身任职,非依法定原因不得将其免职。美国州法院的法官,大部分由选民直接选举产生,只有少数州的最高法院法官由任命产生。[①]在这种新型的政治制度下,司法机关与立法机关、行政机关处于平等的法律地位,司法独立使法官获得了空前的地位和职权,成为了国家的重要官员。

---

① 陈盛清:《外国法制史》,北京大学出版社1982年版,第45、46、68、213、214页。

（二）中国法官的起源与发展

中国法官的起源和发展，经历了4 000多年的漫长岁月。自公元前21世纪夏禹建立统一的奴隶制王朝至西周覆亡的近2 000年里，夏商周三个朝代，没有行政、军事、司法的严格划分，国王既是国家元首、军事首领，又是最高法官，操纵着最高审判权。各级奴隶主均有相对独立的审判权。统治者管理社会的主要手段，是"借天行刑"，用极端野蛮残酷的刑罚，镇压奴隶和平民的反抗，以维护其统治秩序。

公元前5世纪中叶，中国进入封建社会。在这一时期，中国实行司法与行政合一的制度，行政长官兼理司法审判权，从中央到地方，审判权不独立。历代封建王朝的皇帝是最高司法长官，严格控制审判大权。中央虽设置审判机关，但要绝对服从皇帝的旨意，并受制于丞相（各个朝代称谓不一）等中央行政机关。有的朝代，如两汉时期，在中央由皇帝、丞相、御史大夫和廷尉等共同掌握国家的司法审判权，而不是由专职的司法机关和司法官员执掌。有的朝代虽设有专职的司法机关和司法官员掌握国家的司法审判权，但是其他行政官员也参与审判活动。如清朝设置刑部等机关专门行使司法审判权，但六部尚书等官员有时也要会同司法官员共同行使司法审判权，这就是所谓的"九卿会审"，地方司法与行政混同，行政长官兼审各类案件。

鸦片战争以后，中国进入半封建半殖民社会。帝国主义的入侵，使资本主义的司法原则和审判制度伴随着资本输入中国。中国近代意义上的法官职业是清末司法改革的结果。1909年，清朝颁布《法院编制法》，根据该法的规定，全国法院共设四级，即大理院、高等审判厅、地方审判厅和初级审判厅。大理院为最高审判机关并负责解释法律，监督各级审判。至此，专门的审判机构和审判人员在我国产生。

我国历代封建统治者，大多重视对审判人员的培养，严明审判人员的责任。如唐朝的高级审判人员，多为科举出身，唐太宗还特设律博士，以加强对司法官吏的培养。

1927年南京国民政府成立后，公布了《法院组织法》，确立了最高法院、高等法院和地方法院构成的法院体系，实行三级三审制。最高法院设院长一人，置刑事、民事两庭，高等法院设于省或特别区，置刑事、民事两庭，由推事兼任庭长。地方法院设于县、市，院长由推事兼任，有推事多人的地方法院，分刑事、民事两庭，各设庭长一名。法院的司法行政工作由政府的司法行政部门管理,法官由行政长官任命。最高法院、高等法院和地方法院的院长,首先是司法行政长官,同时也是法官。各级法院院长综理全院行政管理事务,并指定推事专门从事行政管理。

现行的法官制度,是在新民主主义革命时期审判工作的传统和经验的基础上,逐步建立和发展起来的。早在第一次国内革命战争时期,人民审判制度便开始萌芽。1931年,在中国共产党领导下的革命根据地,建立了最高法院和省、市、区各级裁判所。在抗日战争时期和第三次国内革命时期,各根据地和解放区的人民政权,均根据需要分别设立裁判部、人民法庭、人民法院等审判机构,至1948年统称为人民法院。中华人民共和国成立后,1951年颁布了《中华人民共和国人民法院暂行组织条例》,根据该条例的规定,全国设三级法院,即县级人民法院、省级人民法院及其分院或分庭、最高人民法院及其分院,它们是同级人民政府的组成部分。各级人民法院由院长、副院长和审判员组成;最高人民法院另设委员若干人,组成最高人民法院委员会。三级法院均设有刑事审判庭和民事审判庭,县级和省级人民法院还设有审判委员会。最高人民法院的院长、副院长和委员由中央人民政府委员会任免;省级和县级人民法院没有明文规定,一般是按照中央的办法,院长、副院长由同级人民政府委员会担任;其余审判人员(庭长、副庭长、审判委员会委员、审判员)的任免,或由党委任免,或由本院任免,或由同级人民政府人事部门任免。

1954年,第一届全国人民代表大会第一次会议通过的《中华人民共和国宪法》,确立了国家的根本政治制度为人民代表大会制度,人民法院和人民政府都由同级人民代表大会选举产生并受它监督、对它负责并向它报告工作。这样就把人民法院从同级人民政府中分离出来。从此,各级人民法院不再是统计人民政府的组成部分,这是法院体制上的重大改革。

1978年以后,随着改革开放的深入发展,现行的人事制度在管理方式上过于集中和单一的弊端逐渐暴露,用管理党政干部的单一模式管理审判人员已经越来越不适应体制改革和客观形势发展的需要。在这种形式的推动下,最高人民法院和若干地方人民法院在审判人员的管理方面进行了一些改革和探索,如法院进人实行公开招考、择优录取的方法;法官晋升通过考试与考核相结合的办法;成立了全国法院干部业余法律大学和中国高级法官培训中心,大力加强对审判人员和其他人员的教育培训,努力提高审判人员的政治素质和业务素质;进一步建立和健全了对法官的考核、奖惩和离退休制度等。1995年,《中华人民共和国法官法》的通过,使我国对法官的管理逐步走上了法制化、规范化的道路。

四、早期法官的特征

(一)中国古代法官制度的主要特征

1. 法官借助神灵审理疑难案件

从中国法官的鼻祖"皋陶"开始,法官借助神灵处理疑难案件就与审判结下了不解之缘。中国从进入阶级社会一开始,法官在审判疑难案件时要借助神灵来判断案件的是非曲直。直至明、清时期,法官乞求神灵帮助审理疑难案件的情况也还存在。中国古代法官借助神灵处理疑难案件的事例是非常多的。

案例一:在春秋时期,郑国在郑庄公时期非常强大。子都和颖考叔是郑庄公的两员大将。在一次进行军事检阅时,子都和颖考叔为了争夺一辆战车而从此产生了矛盾,子都对颖考叔非常嫉恨。公元前712年,郑庄公率领军队攻打许国,颖考叔非常英勇,第一个登上了许国的一个城墙,子都嫉妒颖考叔,就暗中用箭射死了颖考叔。事后,郑庄公由于掌握的证据不足,无法查处射死颖考叔的人,于是下令叫士兵们一起诅咒凶手,并射杀鸡、狗、猪等动物。据说,子都最后果真被咒死了[1]。

案例二:五代时期的南唐法律规定:盗窃钱财达五贯以上者要被处死刑。庐陵有一家富豪,发现晾晒的衣物中少了几件丝绸衣服,总价值达十贯之多。该富豪就状告邻居盗窃了他家的衣物。邻居被捕以后被刑讯逼供,屈打成招。但是由于找不到赃物,法官无法结案,邻居在被打得实在受不了的情况下,只得说把衣服在市场上卖了。邻居因此而被判处死刑。在执行死刑时,邻居喊冤不止,死刑因此而被停止执行。南唐先主为此特派刑部员外郎萧俨前往复查此案。这是一起疑难案件。萧俨在途中就开始斋戒净身,不停地祈祷,请求神灵指示自己如何处理此案。到了当地以后的一天,大晴天忽然打起了响雷,响雷打死了这位富豪家的一头牛,剖腹时发现所丢失的衣物竟然全在牛腹中,原来该富豪与邻居有冤仇而诬告陷害。神灵帮助法官给邻居洗清了冤情[2]。

---

[1] 《左传·隐公十一年》。

[2] 《折狱龟鉴》卷2。

中国古代法官借助神灵裁判案件是当时科学技术落后的必然产物。中国古代的科学技术十分落后，人们对自然界的认识极为有限，人们对自然界发生的一些自然现象，如森林发生火灾，晴天中雷鸣等怪异现象，都认为是上天——这个无所不能的神，在发怒或者在赞同统治者所采取的某项措施。法官对案件的审理过程就是一个从结果推导原因的过程，属于对案件的认识过程。古代法官在遇到有罪证据和无罪证据各占一半谁都无法推翻谁的情况下，只能乞求神灵给予启示，因此，我国古代借助神灵审理疑难案件就不足为奇了。

中国古代法官借助神灵审理疑难案件是非科学的审理手段。有些疑难案件经过神灵的帮助可能会使冤者得到昭雪。这可能是一种巧合，也可能是犯罪人处于敬畏神灵的原因神智失去正常，从而前去投案自首。但是这种借助神灵审理疑难案件的手段毕竟是非科学的。在科学技术飞速发展的今天，我们早就已经知道"神"是不存在的，地球并非是宇宙的中心，天空也并不存在所谓的统治人间的"仙界"。因此，我们对中国古代法官采取的处理疑难案件的手段是要进行批判的。

2. 地方法官既审理案件也处理行政事务

由于中国封建社会长期是司法与行政不分，封建官吏既是当地的行政官员，同时也是司法长官，因此，其职责也是既负责司法事宜也负责行政事宜。中国自秦朝以后，历代基层法官在审理案件的同时也处理行政事务。我国古代地方官的职责主要有两个，一个是审理案件，另一个是税收。历代地方官的美称是"父母官"、"青天老爷"，这也说明了我国古代的地方官既审理案件，也处理行政事务。

我国现在的人们所编写的关于中国法制历史方面的书籍或者撰写的相关论文，几乎都说中国古代地方官的任务是行政兼理司法。这一观点值得商榷。实际上，中国古代地方官的任务应当是司法兼理行政。因为，税收一年仅夏、秋两季，而处理案件则是除了农忙季节以外，几乎天天都要做的事情。地方官的上级都把司法审判的成绩好坏作为判定该地方官政绩好还是不好的主要依据，也是地方官官职升降的主要标准。因此说，中国古代法官的任务应当是司法兼理行政更为恰当。

3. 主要是通过科举选任法官

中国古代选任法官的途径主要有两个：一个是从达官贵族中选任，二是通过科举选任。有的朝代还要求只有具备司法经验的人才能被选任为法官。唐朝以前，我国还尚未形成科举选任官吏的制度，因此，法官都是由一些士族门阀担任。唐朝以后，科举选任官吏的制度形成以后，绝大多数法官是通过科举考试选任出来的。

例如,明朝共有123位刑部尚书,除去生平不详的48人之外,余下的75人中就有64个进士、2个举人。明朝中期规定:中上州县正印官(知州、知县)必须是进士,下州县正印官至少应该是举人,最下州县为贡生①。

我国古代法官除了要经过科举考试选任以外,有的朝代还要求必须具备司法实践经验才能正式成为法官。例如,唐朝的许多法官是由进士出身的人来担当,但是,一个人进士及第之后并不马上上任,他还要经过吏部面试之后,或者由高级官吏推荐和提拔之后,再经过一段时间的锻炼,熟悉了法律制度的内容之后,才能正式成为法官。

我国古代的自唐朝以后实行的通过科举选任法官的制度,从学识上保证了法官的办案质量。我国古代的某些朝代还规定,经过科举选拔上来的人员在上任之前,还必须要经过司法实践的磨练。这就更进一步地保障了法官处理案件所应该具有的业务素质。总之,我国古代的法官制度在一定意义上有其先进的地方,例如,从通过科举考试的人中选任法官,这在一定程度上保障了法官人选的素质。但是,我国古代法官制度也存在着不合理的地方,例如,利用神灵裁判疑难案件,造成了一定数量冤案的出现;在地方上长期存在着法官的身份与行政长官重合,这就不能保障司法的独立;法官的身份与侦查人员、检察人员的身份重合,使得控诉、辩护和审判的职能不能有效分开,妨害了审判结果公正性的实现。我国古代法官制度所体现的上述特点,是我国封建社会制度的当时自然科学发展状况的必然反映。

(二)中国近代法官制度的主要特征

我国这一时期(1840—1919年)的法官制度所体现的特点是多方面的,但是其中最突出的特点,是西方列强的领事在我国的某些地方享有一定的审判权。

1840年鸦片战争以后,中国由一个封建社会逐渐沦为半殖民地半封建社会。外国列强对中国的入侵,使中国的政治、经济、军事、文化等各个方面都发生了巨大变化,其中也包括法官制度。在1840—1911年期间,我国法官制度的重大变化是西方列强的领事在我国的某些地方享有一定的审判权。1858年,中国与英国签订的《天津条约》规定:中国人与英国人发生争讼,调解不成时,由中国地方官与领事会同审办。

1864年清政府与英国、美国、法国三国驻上海领事协议在租界内设立法院,会

---

① 郭建:《古代法官面面观》,上海古籍出版社1993年版。

审公廨在上海正式成立。以后又扩大到汉口、厦门等地。根据会审章程规定：纯属外国人案件，只由外国领事审判；原告为中国人，被告为外国人的案件，由外国领事"主审"，中国会审官只能"观审"；其余案件，名义上由中国会审官与外国领事"会审"，但是实权却操纵在外国领事手中。会审时适用的法律，任凭外国领事从该国法律中选择。

中国在这一时期所具有的重要特点，即西方列强的领事在我国的某些地方享有一定的审判权，是当时中国沦为半殖民地半封建社会在法官制度上的必然反映。

(三)中国现代法官制度的主要特征

我国的现代时期(1919—1949年)由于国内战争频繁，政权种类繁多，我国在这一时期的法官制度也多样化，所体现的特点也各具特色。下面仅介绍国民党政府时期和共产党领导地区法官制度所具有的主要特点。

1. 国民党政府时期法官制度的主要特征

国民党政府时期法官制度所具有的重要特点，是国民党特务组织参与司法审判活动。除一般由司法机关执掌审判权外，国民党的特务机关也掌握一定的审判权。国民党政府为了维护封建买办独裁统治，除了军事镇压和法律强制以外，还建立了庞大的特务组织。

国民党的特务组织主要有两个：一个是"国民党中央调查统计局"，简称"中统"；另一个是"国民政府军事委员会调查统计局"，简称"军统"。这些特务组织，从中央到地方，从城市到乡村，遍布于政治、军事、经济和文化等许多部门。这些特务组织的锋芒直接对准共产党人、革命青年学生和爱国民主人士。这些特务审理的案件，实际上都是迫害共产党人、爱国进步人士和其他革命者的案件。

2. 共产党领导地区法官制度的主要特征

在这一时期，共产党领导之下的法官制度的特点是多样化的，在此简单介绍这一时期的两个主要特点。

首先，人民陪审员可以参加案件的审判。我国在工农民主政权时期就建立了比较完善的人民陪审制度。陪审员由职工会、雇农会及其他群众团体选举产生。无选举权者不得为陪审员。陪审员在参加案件的陪审时应保留原职原薪。合议庭在判决案件时以多数人意见为准，遇有争议时，应依主审员的意见决定判决的内容，如果陪审员坚持保留意见时，须将其意见报送上级裁判部决定。人民陪审制度在抗日民主政权时期又得到了进一步发展,直至今天,我国的法官制度仍然在保留着该项制度。

其次,法官审理案件要贯彻调解原则。在抗日战争时期,为了解决纠纷,增强人民之间的和睦团结,同心同德搞好生产,全力支援抗日民族解放战争,便建立了法官对简单民事案件和轻微的刑事案件在审理时可以调解的原则。目前,我国法官在审理民事案件是必须贯彻的调解原则就产生于这一时期。

(四)西方早期法官的特征

与现代的职业法官相比较,西方早期法官具有以下特征:

1. 法官并非"官",其社会地位排不上官僚的序列

在古希腊,因其特殊的民主传统,致使其很早就有了法庭,并出现了"律师"的雏形;由于古希腊法庭充分允许"律师"的辩论,所以,律师在古希腊有着比较高的地位;与之相反,由于古希腊社会对法官并没有什么特殊的要求,法官只是人们的一项兼职工作,因此,法官的社会地位远远低于律师。在梭伦的眼中,法官的社会地位要远远低于一般的政府官吏。众所周知,梭伦在它的民主精神指导下,以分配政治权利为目的,曾按财产的多少将全体公民划分为四个等级,不同等级的公民享有不同的政治权利,谁的财产多,谁的等级就高,谁就享有高的政治权利。比如:第一级可任执政、司库及其他一切官职;第二级与第一级相同,只是不得任司库;第三级可任低级官职,对执政官等高管则无缘;第四级则不担任一切官职,但可和其他等级一样充当陪审法庭的陪审员。梭伦为雅典设计的这个法律制度是全部的公民都可以轮流去当法官,就相当于我们现在所说的"大众司法"。虽然"人们要从四个等级的每一个等级里选举'法官',但只能从前三个等级里选择'官吏'。这三个等级是富有的公民"。①这似乎表明,古希腊社会法官并不是一个高级官职,也不是一个统一的职业;各等级都有自己的法官,各等级的法官在管辖范围内设立了范围,他们之间是不能互相替代、交流的;第四等级的法官只能审判第四等级群体的案件。

正如孟德斯鸠所设想的:"裁判权不应给与永久性的元老院,而应由选自人民阶层中的人员,在每年一定的时间内,依照法律规定的方式来行使;由他们组成一个法院,他的存续期间要看需要而定。""这样,人人畏惧的裁判权,既不为某一特定

---

① [法]孟德斯鸠:《论法的精神》(上册),张燕深译,商务印书馆1982年版,第10页。

职业所专有，就仿佛看不见，不存在了。法官不经常出现在人们的眼前，人们畏惧的是官职，而不是官吏①了。"而且"法官还应该与被告处于同等的地位，或者说，法官应该是被告人的同类"。②

2. 法官并不由法律专家(savans)来担任

在古希腊，随着城邦民主制的发达，其法庭已初具现代法庭的模样，主要表现为争议解决的程式限制和执法官裁判；同时还产生了诉讼代理人，他们便相当于现在的律师。执法官裁判意味着城邦司法权的设立。③在古希腊一种专门教人说话的人被称为"智术师"。智术师教人诉讼的技巧，有时也自己参加诉讼。可以说，"智术师就是职业的论证师。双方辩论，最后由陪审团表决。有时候陪审团的规模非常大，有四五百人之多，大家最后投票表示自己站在哪一边。"④似乎可以得出这样的结论：古希腊的"律师"是专业的，而"法官"却是业余的。同样，在欧洲大陆，最初的法官源起于最早的"听证官"。"'听证官'(index)即为法官体制的根源，但那时候该词的含义与今天大相径庭。在罗马法中，'听证官'指其职业为在审判项目中按照地方法官(即司法执政官)的指令调查证据和听取证人陈述的个人。也就是说，司法执政官才是原审法官，具体执行法律。因此，罗马民事程序分为两个阶段，即'审判阶段'和'听证阶段'，后者不负责处理任何法律问题，只负责调取审核证据。"⑤

在中世纪的德国，虽然法官不是由法律专家来担任，但法官在审理案件时遇到

---

① 中译本中使用的"官吏"一词法文原文中用的是"magistrat"，根据上下文的意思，应当译为"经选举产生的裁判官"。因为法官团体在法国的传统上不能称为"官吏"，其所占据的职位也不能称为"官职"，这是由于裁判官在当时也被看成和人民一样的人，并没有高出一等；而之所以用"裁判官"而没有用"法官"一词是因为"法官"这一称谓是近代国家将裁判权垄断化并制度化后才出现的一个称谓，在孟德斯鸠所生存的年代，法国还没有完成这种垄断化和制度化。这就是为什么孟德斯鸠说裁判官"还应当与被告人处于同样的地位"，或者说"裁判官应当是被告人的同类"，"这样，被告人才不觉得他是落到倾向于用暴戾手段对待他的人们手里"。见程春明：《司法权及其配置》，中国法制出版社2009年版，第20页，注解③。

② [法]孟德斯鸠：《论法的精神》(上册)，张燕深译，商务印书馆1982年版，第158页。

③ [意]格罗索：《罗马法史》，黄风译，中国政法大学出版社1998年版，第100页。

④ 陈嘉映：《哲学 科学 常识》，东方出版社2007年版，第61页。

⑤ [加]克利弗德·爱因斯坦：《法官与公众》，载怀效锋主编：《法院与法官》，法律出版社2006年版，第28页。

疑难问题时,时常会到法律博士那里去请教解决法律问题的方法。而且,法律博士的意见对审判结果常常能起到关键的作用。"从14世纪开始,德国便形成了一种制度,在将自由民组成的法院的案子送到新的职业性的法院的程序要求是,将案件提交到某一大学之法律系,由全体法学教授讨论后提供判决意见。此种方法一直沿用到16世纪。"①

当立法、行政、司法等权力还没有分离,法律保护机制仍然缺失的情况下,即使法官由民主选举而产生,仍然不能避免专制的非难。如"在(古希腊的)拉栖代孟共和国,民选长官断案是武断的,没有任何法律作依据,这是一个弊端。罗马初期的执政官们的裁判方式也和拉栖代孟的民选长官一样"②。由于法官的权力过大,这就会有权力被滥用与被腐败的可能。司法权发生了腐败,人民甚至不能容忍他们所委托给法官的权力,人民不再尊重法官。司法权与司法腐败如形影不离的亲兄弟,司法腐败似乎是随司法权的产生而产生,只是各历史时期腐败的程度有所不同。根据意大利学者尼丹艾拉的研究,欧洲的正义女神像是在15世纪下半叶才被蒙上眼睛的。为什么?目的是防止司法不公和司法腐败。因为15世纪是西欧历史上权力腐败非常严重的时期,在那时意大利等欧洲国家都曾对贪渎的法官采取过活剥人皮的恐怖手段来加以惩处,但是并不有效。于是,在文艺复兴的背景下,欧洲把罗马法的形式合理性注入统治秩序中,通过司法独立的安排,让审判机关不受当事人的身份特性以及社会力量对比关系的影响,只服从法律,只服从自己的良心。

西方自15世纪以后,进一步强调了法官只对上帝及普遍价值负责,通过与世俗世界隔离、严格的遴选制度、终身的身份保障等,加强了法官的神圣性和独立性,以这样的方式来维持司法公正。③为防止法官的腐败,人们还采取法官由选举产生的方式,但法官选举产生的方式并不能制止腐败的状况;于是,又采用任命的方式来防止法官腐败,最终事实证明也不行。法官从人民自由民主的选举到国王的擅自任命,这显示了社会在走向日益复杂的过程中,原始文明在现代专制面前的退缩;也表明以个人品德来防止司法腐败的发生,历史证明从来就是无效果的。

① [美]孟罗·斯密:《欧陆法律发达史》,姚梅镇译,商务印书馆1943年版,第228页。转引自周永坤:《法律的国家与国家的法律——中西法律与社会比较研究》。

② [法]孟德斯鸠:《论法的精神》上册,张雁深译,商务印书馆1982年版,第76页。

③ 季卫东:《怎样保障司法公正》,载《文汇报》2010年7月28日。

五、现代西方职业法官的特征

法官制度是一个国家司法制度中的重要组成部分。国外普遍重视法官制度的建设。国家法律的有效实施,有赖于完备的法官制度。法官在维护社会秩序的安宁和稳定,促进社会各个方面的稳定而有序的发展,发挥着极其重要的作用。因此,国外都在根据本国的法律文化传统以及政治、经济和社会生活的实际需要,借鉴和吸收其他国家法官制度的经验,规划具有本国特色的法官制度。

不同的国家,对法官制度的规定也不尽相同,但是纵观国外法官制度的发展变化,可以发现其发展变化存在着共同的规律性。这些共同的规律性的东西,就是目前外国法官制度发展变化所呈现出来的共性方面:

(一)对担任法官的条件要求极高

国外(尤其是西方国家)对担任法官的条件要求远远高于检察官或者律师。西方国家的法学家一致认为,法院是社会正义的最后一道防线,作为法院中的法官,则是这道正义防线的最后一个把关的人。虽然检察官和律师对法律的正确实施起着重要作用,但是他们对案件所持的意见不是终局性的,而终局性的结论是由法官做出的。鉴于此,国外对担任法官的条件要求远远高出检察官或者律师。

英国的法官是从律师中的佼佼者中选拔。英国自16世纪开始,律师就被分为大律师或者出庭律师和小律师或者非出庭律师。英国的大律师是专门在法庭上进行言辞辩论的人,而小律师则是专门做一些关于法律服务等方面的事务。所有的大律师都必须经过严格的考试并合格以后,再经过一定时间的实际工作的磨练,才能成为大律师。要想成为御用大律师,则必须具有10年从事大律师职业的经验,经本人申请,大法官才可以批准他成为御用大律师。御用大律师可以被任命为大法官。英国的关于从律师中选拔法官的传统一直沿袭下来。到目前为止,英国一直是从优秀的律师中选拔法官。

美国法官的选拔也注意从优秀的律师中选拔。美国在独立以前,由于采纳普通法的原因,也采取从律师中选拔法官的做法。这一选拔法官的做法在美国延续了两百年之久。现在,虽然美国的联邦宪法、法律及各个州的法律,并没有对法官的任职资格做出明确而具体的规定,但是,美国的大多数法官却是从优秀律师中选拔出来的。

美国和英国采用从优秀律师中选拔法官的做法,使得法官具备了较强的专业能力和丰富的司法实务经验,从而使得法官处理案件的能力很强。

(二)任命法官的主体层次极高

有许多国家的法官,是由国家的国王、总统、元首或者政府首脑以国事行为的方式进行任命。

在日本,下级法院法官依据最高法院提出的名单,由内阁任命。最高法院的法官由内阁任命,由天皇认证。最高法院院长是由内阁提名,由天皇任命。天皇的这种任命是一种国事行为。

在英国,大法官、常设上诉议员、上诉法院法官是先由英国首相进行提名,然后由英王任命。治安法官、领薪治安法官、记录法官和巡回法官、高等法院法官是由大法官提名或者同意以后,由英王进行任命。

在美国,联邦最高法院的法官是由总统提名并征得参议院同意之后任命的。

国外尤其是西方国家法官的任命主体非常高,而且有的还是以国事行为方式任命的。这就使得被任命的法官从内心深处对自己被任命为法官产生神圣感和使命感,认为自己能被任命为法官是一种巨大的荣誉,就会使得他们能够比较自觉地按照法律的规定处理各种案件,从而使得司法的公正能够较好地体现在一个一个的案件中。

(三)法官保障体系完备

国外法律制度所体现的理念是司法独立,法官独立是司法独立的一项重要内容。为了能够保障法官在审理案件时不受外来因素的干涉,始终根据法律的规定和案件事实做出符合法律规定的判决结果,各国都普遍规定了法官保障制度。国外法官保障制度的内容主要有身份保障、特权保障和经济保障。

1. 关于身份保障

为了使法官能够依照法律的规定处理案件,不必因担心自己的严格执法而遭致被取消法官资格的命运,有不少国家实行法官终身制。即使不是实行法官终身制的,也实行"不可更换制",即法官一经任命,非经法律程序,不得被随便更换,不得被免职或者调换工作。

实行法官终身制或者不可更换制度,可以使得法官不必因担心自己对案件进行公正处理得罪他人而在职务上受到不利的变动,能够在很大程度上保障法官不受外来因素的干扰而保持独立,从而实现司法公正。

2. 关于特权保障

为了能够确保法官在处理案件的过程中完全独立自主地进行,为了能够在法律许可的范围内享有一定的处理案件的自由,有些国家规定法官享有一定的特权。

这些特权的主要内容有:(1)法官在依法处理案件时所实施的行为和发表的言论享有不受指控或者法律追究的特权。(2)法官对于其在执行审判职能方面的有关事务,享有免于出庭作证的特权。这些特权内容的核心是法官享有司法豁免权,也就是说,如果法官在处理案件时没有触犯行政法律、民事法律或者刑事法律的话,他们就享有司法方面的豁免权。

还有一些国家除了规定了法官所享有的上述特权以外,为了能够更加充分地保障法官依法公正地行使自己的职权,还对新闻媒体所享有的新闻自由进行了限制:禁止对正在进行的审判加以评议。这一规定的目的在于禁止将正在被审理的案件进行评议,防止新闻媒体滥用新闻自由,对法官的审判活动说三道四,避免法官因受公众舆论的影响不能保持实质上的独立审判案件的权利。除此之外,有些国家还规定:国会不得将正在被审理的案件列入国会的议事日程。这些国家制定这些规则的目的,也在于保障法官能够享有对案件的实质的独立审判权,防止法官的审判活动被立法机关干预。

3. 关于经济保障

国外法官的经济保障体现在两个方面:实行法官高薪制和实行法官高年龄退休制。

(1)法官高薪制

鉴于法官如果生活不甚富裕而容易贪赃枉法,从而有损司法的公正,许多国家规定要给予法官高薪的待遇。美国联邦最高法院首席法官的年薪与副总统相同,其他法官的年薪也高于部长。日本最高法院院长的年薪与内阁总理大臣、国会两院的议长相同。英国大法官的年薪高于英国首相。就目前来看,英美法系国家法官的薪水一般高于公务员的薪水。对法官实行高薪制,使法官享有优厚的物质待遇,在很大程度上能够保障法官自觉抵御金钱的诱惑,不至于贪赃枉法,从而能够保证其公正地审理案件。

(2)法官高年龄退休制

国外的法官退休年龄一般较高。日本最高法院和简易法院的法官退休年龄为70岁,其他下级法院的法官的退休年龄为65岁。美国联邦法院法官的退休年龄一般为70岁,而且,即使到了退休年龄,只要法官不自己主动提出退休申请,法律规定也不能强迫其退休。事实上,联邦法院的法官老死在法官职位上的也大有其人。

还有少数国家规定了法官终身制,不规定法官的退休年龄。在规定了法官高年龄退休制的国家,还规定了法官退休以后领取与退休以前一样多的退休金制度。

高年龄的退休制度和退休后薪金不减少制度,在很大程度上解除了法官的后顾之忧,为其在职时保持公正廉洁提供了切实的物质保障。

(四)法官培训制度普及而且严密

当今社会是信息爆炸的社会,科学技术的发展日新月异。对于从事法官职业的人来说,仅仅依靠为了应付司法资格考试而掌握的法律知识,远远不能适应飞速发展的社会生活的需要。为此,就有必要更新法官原有的知识,及时调整法官的知识结构,对法官进行法学理论、相关学科和实际业务技能的培训,以便于提高法官处理案件的效率,保障案件的审判质量。

对法官进行培训在国外极其普及,而且培训的制度也严密而完备。日本、法国、德国、英国和美国等许多国家都普遍制定了严密的法官培训制度。例如,美国设立了三个培训法官机构:美国的促进司法行政委员会、全国州级初审法官学院(由隶属于美国律师协会的全国初审法官联合会设立的)、联邦和州的量刑研究所。美国的这三个法官培训机构,对提高法官的法学理论知识、实际司法业务的操作技巧,起了极其有效的作用。美国为了能够使法官的培训得到保障,许多州的立法机关也增加了法官外出培训的拨款。美国的法官培训制度提高了法官的法学修养和实际业务技能,使法官的知识结构和处理案件的能力能够适应飞速发展的当今社会需要,提高了处理案件的效率,较好地实现了司法公正。

总之,国外由于法律传统的不同,导致法官制度中的许多规定也不可能完全相同,但是,它们的追求却是共同的,即如何实现司法的正义、效率、平等。为了实现司法的正义、效率和平等,它们也在相互吸取其他国家法官制度中的合理因素,也就是说它们都在互相借鉴,从而出现了各个国家的法官制度呈现互相融合的趋势。

六、当代我国法官的特征

法官的角色,在早期乃至某些近代社会中,既是司法者,也是法律规则的实际制定者,或是法律的宣示者。于是,法院成了解释和界定法律规则并把这种规则适用于社会生活之中的中心机构,成为德沃金的"法律的帝国"的首都,法官正是帝国的王公大臣。他的价值倾向、行为方式等等对于法律的任务——在现代社会中,法律任务的核心内容便是社会正义的实现——的完成至关重要。正是在这个意义上,罗尔斯才说"不正义的行为之一就是法官及其他有权者没有适用恰当的规则或者不能正确地解释规则"。

在表层上,司法独立是一种制度设计,而在更深的层次上,实在不过是一种力量对比所引出的后果而已。社会结构的变更,尤其是市民社会的兴起以及国家与社会的分离,导致了具有独立价值追求的司法阶层的崛起和不假外物的独立司法制度的形成。而独立的司法是离不开一个高素质和有力量的司法群体的,这是抗衡其他社会力量影响的前提条件,否则,司法独立很难在实际生活中兑现。

法治社会成功的经验表明,法律家集团的力量来自它内在的统一和内部的团结,而统一与团结并不是因为组成这个共同体的成员出身的一致,而是由于知识背景、训练方法以及职业利益的一致。这就涉及法官的选任制度、教育和培训的内容和方法、论证自身行为合理性的独特方式、成员之间的认同程度、职业地位和荣誉等等。在这些方面获得高度一致的法律家门会自然地凝聚为一个所谓"解释的共同体",这个共同体具有公认的声望,声望助长了权势,权势的正当运用又越发抬高了声望,故足以回应社会对法治与正义的期待,进而推进法治意识在社会中的传播,并提高社会整体的现代化程度。[①]

我国当代法官的特征,可以从以下几个方面来考察:

其一,我国最主要的法律渊源是立法机关制定的法律。根据这些法律,审判机关独立行使国家审判权。也就是说,法官在诉讼活动中据以判案的依据主要是法律。同时,对于法官解释法律和运用判例,在立法上也严格限制。其目的都在于保持法律的确定性,防止法官超越法律。从这一层意义上说,我国法官的地位类似于大陆法系。

---

① 贺卫方:《司法的理念与制度》,中国政法大学出版社1998年版。

其二,我国的法官任用制度,与大陆法系或者英美法系相比,都显得比较灵活多样。新中国成立后,国家工作人员实行统一的干部制度,无论是行政机关工作人员,还是审判、检察机关工作人员,他们的任职条件、工资标准、福利待遇等都相同,并由政府的人事部门统一管理。法官和国家其他干部在身份、地位上毫无差别。成为法官,没有任何特别程序。法官主要来源于四个方面:法律院校的毕业生;军队复员转业军人;国家其他机关的干部;从社会上吸收录用的人员。他们无需特别训练和考核,在进入法院,经过相当时间的实践之后,即取得资历,自然转为助理审判员或审判员,可以独立办案,取得法官资格。这种法官,素质参差不齐,经验成分浓重,加之薪金低廉,社会地位平凡,在整个国家的社会生活中,乃至整个法律职业中,地位无法"特别地"显露出来。这是影响我国法官地位的又一重要因素。这种状况是在过去的几十年中逐渐形成和发展的,也是和当时的社会条件与人事制度相联系的。今天,中国的社会对司法制度和法官职业提出了新的要求,因而对现行法官的选任体制予以改革和完善势在必行。

其三,中国的传统文化是形成法官地位的社会氛围,在我国显得独特,需要特别予以重视。我国的传统文化中存在着一种"礼治"观、"无讼"观。在这种观念下,民众的诉讼意识淡薄,遇到冲突纠纷,最先想到的不是法官,不是法律,也不是诉讼,而是非讼方式,如私下复仇、和解、调解等。万般无奈才诉诸法律。事过之后,心中没有法官。由此看出,因为省却了当事人的认可和推崇,法官的法律权威以及法官的地位均无从显现。

其四,在我国,还有一个影响法官地位的重要因素——行政干预。人民法院的宪法地位是国家审判机关。但在一些地区往往被视为地方的一个部门,要参与地方的一些行政性工作,例如扶贫、维护社会稳定、招商引资等工作。这一点在基层体现得尤为明显,如法庭工作人员常被乡里抽调去参与收税、收缴提留款等。这就混淆了审判权与行政权的界限,干扰了法官职业的专业性和稳定性,影响了审判工作的效率和效果。行政对审判工作的干预,是法官们普遍感到头疼的事。在前些年,有个别省份通过领导批条子查询和调案卷,一年竟达300件。这种现象,与大陆法系、英美法系截然有别。这种干预主要来自两个方面,一是法院系统内部的审判委员会和法院领导,表现为间接行使审判权。一般地,一些疑难案件、大案要案进入法院管辖程序之后,通过集体讨论做出初步决定。把案件的实体问题在审判开始前先行解决,法官借此再行审理。近年来,这种现象已经引起有关方面的关注,开始研究这种"先判后审"、"先定后审"的现象。二是某些党政部门的领导,表现为对法官审案施加压力,诸如"领导批示"或"领导交办"的案件。面对这类案件,法官受到多重约束,故而很难独立行使审判权。同时,上述两种法外干预在实践中又导致许多冤假错案,进一步影响了法官的形象和权威。

为了提高我国法官的地位,学者们提出了一些建议,主要有:首先,法官应与社会保持适当的距离。适当的距离才能产生神秘,产生权威。而在我国,如果法官与社会保持了一定距离,就会被认定为"孤立办案",不考虑社会效果。于是,法官大量地投入到了社会生活之中,田间地头走访,街头法制宣传,深入企业清欠,协助城建拆迁等。在审判过程中,法官也是一览无遗的,法官与当事人同吃同住同办案,当事人可以方便地找到法官的办公室,说说自己的道理,或在诉前征求法官的意见等。考虑到法官负担的特殊使命,为了保证司法的公正,他们应当与一般社会尤其是所在社区保持适度的分离,以避免千丝万缕的人情网、关系网影响司法天平的平衡。"诉讼所涉及的人们与法官通常有不同的社会距离,与法官关系越近就会得到越多同情的回应,而与实际的过错无关",当然,相反的情况也可能存在,那就是交接过多,反生摩擦,导致仇恨性的偏见的出现。因此,必须在法官与社区之间设置合理的隔离带,社会与法官之间缺乏必要的"隔离带",对于树立法院及法官的声望与权威是极为不利的。①其次,完善法庭规则和设立"藐视法庭罪"。法官的神圣性与其社会角色联系在一起,也与具体的司法过程联系在一起。而法庭规则就是构成司法过程神圣化的重要仪式规则。不准拍照、不准喧哗、不准走动,不仅仅是为了保护诉讼参与人不受外界的干扰,更主要的是为了保持法庭中神圣、肃穆的气氛。法庭规则不是一般的行事规则,而是直接建构法官和司法活动之神圣性的规则,它是司法神圣的一部分。在西方民主法治国家发展的过程中,为了建立起司法的权威,陆续设立了所谓的"藐视法庭罪",以巩固司法运作时所必需的统御的权力,维持诉讼秩序所必要的高效率。在我国的司法实践中,法官的威信和法庭秩序遭受挑战的现象比比皆是:在法庭内高声叫嚷,故意拖延诉讼进行速度,对未经终局确定判决的案件肆意评论,甚至有诉讼方佩戴武器出庭的奇事。在中国,虽然对于妨碍诉讼采取拘传、训诫、责令退出法庭、拘留、罚款等措施,但由于未能上升到刑法处罚,藐视者视若无物,依然我行我素。在此,我们还需要再提到的一点是:在西方社会,虽然法官的收入没有律师高,例如,美国大型律师事务所合伙人

---

① 贺卫方:《司法的理念与制度》,中国政法大学出版社1998年版,第9页。

的年收入几乎相当于大法官的三倍,但很多律师都愿意成为法官,这是因为他们当法官并不是仅仅希望得到高额酬金。法官社会地位高,具有崇高品质,处处受尊重,法官薪金虽然不是很高,但他们可以通过自尊、威望等社会报酬形式得到弥补。因此,我国应该提高法官的社会地位,增强其荣誉感,保证法官自觉抵制腐败。我们相信,随着改革的深入,法官独立行使审判权的逐步确立,我国法官地位将会日益提高。

第二节　法官的职业探索

近代以来,司法机构被置于国家权力的分配之中,被定位为解决纠纷的国家机构。如英国《牛津法律大辞典》对"司法"一词的解释是:"司法是政府的主要职能之一,包括查明事实,确定与之有关的法律,并就事实适用有关法律,对权利主体主张、争议加以断定。司法职能主要是判定性的,即裁决争端。"[①]在黑格尔的政治思想理念中,司法是居于国家和社会之间的一种中间力量,是国家与社会的调节器。无论司法如何定位,司法对规范社会秩序、调解社会矛盾、疏导社会纷争、确保社会的稳定都起着非常大的作用。社会如果缺乏一个稳定的司法制度,社会就会陷入混乱,人民的生活就会变得非常不安定。因此,我们对司法制度的认知程度关系到现实生活中的方方面面,甚至影响整个社会对法治的态度。在司法中,"法官是司法权系统中最具活力的构成要素,司法权的功能作用能否得到实现,有赖于法官是否按照司法运行的各种制度性要求来引导司法权的实际运行,可以这样说,法官是司法权运行的载体,决定着司法权的实际运行面貌。"[②]

一、法官职业中的正义

任何的理论研究首先是要知道其研究对象是什么,这就有了语言或理论对这个对象的预设。当我把法官设置为专门的研究对象之后,那么"法官"就成为了一个专有名词。所谓专有名词,就是人民称之为身份地位的载体(或可以称之为"实质");也就是与某人相关的全部特性的载体。专有名词的出现标志着"法官"被确认为进入到社会生存仪式的产物,成为连续仪式的真正客体。对于这样一个认知客体,从学理上说,我们需要有一个明确的界定,这种界定的认知,按照哲学的话语

---

① [英]戴维·沃克编:《牛津法律大词典》,北京社会与科技发展研究所译,光明日报出版社1988年版,第485页。

② 孙万胜:《司法权的法理之维》,法律出版社2002年版,第47页。

来讲其实就是所谓的"对现实世界的概念的占有"。

在英语中,法官被称为"Judge"或"Justice",法语中被称为"Juge",德语中被称为"Richter"。《牛津法律大辞典》将法官解释为:"对其职责是裁决纠纷和其他提交给法院决定的事情的人的总称。法官可能是在最高法院的法官,总是那些在法律和司法上精通业务、富有经验的人。"①《布莱克法律辞典》对法官的解释:"经任命或选举而在法院审理和裁决法律事务的公共官员。"日本《新律法学辞典》对法官的解释为:"广义是指从法律上解决调整纠纷或利害对立而且有下判断权限的人。其权限,除根据公的权力的公的审判权外,还有根据当事人的仲裁契约的私的仲裁人。狭义的在日本法律上是指具有审判官名称的公务员,属于最高法院及下级法院担任裁判事务者。"②从汉语的构词法来看,司法是一个动宾结构的词,法是"司"的行动操纵对象,因此,司法可以是一种职业。在我国古代,法官被称之为廷尉、大理、推事、判官、司法理、司法、法曹等。概念是经验事实的结晶,是人们在对事实的了解中形成的。因此,人们对什么是法官的理解也是基于不同的经验事实而形成,对"法官"概念的解释与定义也略有差异。然其最终形式或最终明确的形式是一致的,因为他们都是借助于"正义"来界定法官的,由此使法官这一概念具有"意义"。

在西方哲学的历史来看,古希腊哲学最早诞生在爱琴海东岸的海港城市米利都,哲学发达后,哲学家们聚集到雅典活动,他们不仅关注哲学同时也关注法哲学。而以柏拉图(公元前427—前347年)为最高代表的古希腊法哲学正是以"正义"为中心议题的。在古希腊语中,正义是"dikaisune",与"dike"有关。"dike"最初是指宇宙中永恒的定律和规则,这些规则连宙斯都是要遵守的。在希腊神话中,奥林匹克山上的诸神并不是全能的,他们都被其命运所控制。这种意义上的命运就是"dike"。奥林匹克上的诸神必须服从"dike"。如果一个人的行为不违背宇宙中的基本规则和定律,那么这个人就是"dikaios"(正义的),就是一个正直、正义的人。后来,"dike"的含义有所扩大,指城邦中的社会习俗和法;作为社会习俗和法的"dike"又和古希腊语中的另外一个词——"nomoi"(法)结合在一起,而"nomoi"(法)是从"nomos"(约定俗称的,规范的)来的。这样,"正义的人"的含义就逐渐地

---

① [英]戴维·M·沃克编:《牛津法律大辞典》,北京社会与科技发展研究所译,光明日报出版社1988年版,第482页。

② [日]我妻荣编:《新法学词典》,中国政法大学出版社1991年版,第365页。

从遵守宇宙自然规则的人扩展到遵守社会习俗、遵守法的人。[①]

在古老的希腊文明中,法官的历史帷幕就已然升起;那里充满着司法制度的历史遗迹,到处都是平整光滑的法治思想道路。现今那种令人尊敬的司法理论告诉我们,法官是一种被人类赋予公正信念的历史性存在物,是以实现人类公平正义为最高理念的。"公正是自然法的基本要求。所谓'公正'就是普天之下都认为如此,他既不使人痛苦,也不是以别人的痛苦使自己快乐。"[②]法官通过公平、正义等的基本要求调整着人类相互之间的关系,用一种强制性的方式引导着人与社会的发展;他告诉人们:什么是公正、什么是法之事。也就是说,社会对公平与正义只有通过法官的审判活动才能得到完美的揭示。对于人类来说,"正义是最低限度的社会框架,没有它,人类之间就不会发生任何的社会交流。"[③]因此,通过法官获得正义裁判是人类社会的最早需求之一。"我们可以说,司法权是一种让人们获得正义的权利,是人类社会的第一种权力,正是因为人类条件才使得司法权与正义内在的联系在一起。这也就是为什么中文语境中的'司法'和'正义'在很多语言中本就是一个词的原因。"[④]正义是人类追求的最崇高理想,更是法官追求的终极目标。

正义并非源自个人,而是产生于社会。"正义是表达一条道路与一个目的的术语;那个目标就躺在阳光照射的远方,人类思想能够察觉,却不能认知,那是人们必须用蹒跚而不确定的步伐行走于其上的道路。任何一位能够对正义这个话题作总结陈词的人,将会由此而找到人类发展的规律,或许能找到宇宙发展的规律。"[⑤]是法律,使正义成为一个整体,成为独立于个人意志的一套标准和规范。"人们可以把法律的运用或者遵循,或者法律本身称为是公正的。正义的第一性,特别是忠于法律的法官的正义,最好称其为法律性(Rechtlichkeit)。"[⑥]但是,正义是什么? 什么才是正义的?

① 余纪元:《〈理想国〉演讲录》,中国人民大学出版社2009年版,第2—8页。

② 宋希仁:《西方伦理思想史》(第2版),中国人民大学出版社2010年版,第254页。

③ [丹]努德·哈孔森:《立法者的科学——大卫·休谟与亚当·斯密的自然法理学》,赵立岩译,浙江大学出版社2010年版,第118页。

④ 程春明:《司法权及其配置》,中国法制出版社2009年版,第53页。

⑤ [奥]尤根·埃利希:《法律社会学基本原理》,叶名怡、袁震译,中国社会科学出版社2009年版,第158页。

⑥ [德]G·拉德布鲁赫:《法哲学》,王朴译,法律出版社2005年版,第32页。

人们关于正义的理解是各不相同的，"当代法律文本没有说正义是什么。像法律哲学一样，它们没有确定公正的行为是什么。社会学一般回避正义的评判。法律人类学绝少主张它对法律日常行为的描述是关乎正义的。历史法学通过跟随遗失的正义标记和碎片追溯法律中的变化。绝对论者注意到，当确定的正义标记或规则不存在时，可能根本就没有这回事。他们又启发了现实主义者对法律的认识：忽视正义，根据社会权力来把握法律和正义，或把它们理解为观念形态（由此语言变成了社会权力的工具）。"①正如博登海默（Edger Bodenheimer）所言："正义有着一张普洛透斯似的脸，变幻无常、随时可呈不同形状并具有极不相同的面貌。当我们仔细查看这张脸并试图解开隐藏其表面背后的秘密时，我们往往会深感迷惑。"②如柏拉图（Plato）的争议理念论，亚里士多德（Aristotle）的正义现象学，希皮亚斯（Hippias of Elis，出生于公元460年之后）和安提芬（Antiphon，生活于公元5世纪）认为，正义意味着制订的法不被逾越。但是这种已确立的法本身并不拥有本质上善的东西或者恒久的东西；它建立在（或多或少随意的）章程或者协议之上；法律会被修改；据此，有关什么是公正的各种观点是变化着的。也就是说，法律并非神圣的章程，而是服务与某些特定的目的和利益；诸如服务于强者的获益，或者也服务于保护广大的弱者。③显然，正义"并不只是以一种声音说话"，它也没有一个确定不变的铁律和图表，如何根据正义原则合理地进行平衡而达致最大限度的自由和平等，在不同的国家，或在一国历史发展的不同阶段或者在不相同的政治、社会和经济条件下都是不同的。④

按照亚里士多德的观点，正义是一种社会的美德；⑤它通常是指在一定社会条件下的人们根据一定的道德伦理做"应当"做的事情，也指社会对人们行为的道德性所做的一种评价。古典自然法学甚至认为正义是一种先验的哲学基础和绝对原则。而在柏拉图的眼中，正义是种理念。所谓正义是理念，也就是说正义具有不变

---

① [美]玛丽安·康斯特布尔：《正义的沉默——现代法律的局限性和可能性》，北京大学出版社2011年版，第8页。

② [美]博登海默：《法理学：法律哲学与法律方法》，邓正来译，中国政法大学出版社1999年版，第252页。

③ [德]H·殷科：《法哲学》，林荣远译，华夏出版社2002年版，第6页。

④ 马长山：《法治的平衡取向与渐进主义法治道路》，载《法学研究》2009年第5期。

⑤ [德]H·殷科：《法哲学》，林荣远译，华夏出版社2002年版，第11页。

性。正义的不变性体现在正义有一个底线，这个底线是人类社会所共同具有的，对人的尊严的尊重构成正义的底线。在柏拉图的国家学说中，正义的内容被界定为"人人各负其职"。①以司法哲学为视角来讨论的不是衡量实证法的正义，而是用实证法来衡量的正义。所以，正义作为法律社会的历史存在物，从那时起也就确立起来了。而且那时所谓的正义是取其法律意义而言的，法官在其审判实践中，在判断纠纷的是非结果时需要的是这种意义上的正义。这种正义，"它是一个绝对确定性的、共同有效的概念。所有的人，只要自我提升而形成的观念，都应该、也都将拥有这个概念"。②只是由于在不同的历史时期，随着社会形态的不同转换，由实证法衡量的"正义"观也发生着相应的变化，不断地渗进历史的内容，由此显现出司法正义的不同的历史蕴涵。

为什么要把正义与司法制度联系起来？因为正义是司法制度追求的首要价值目标。司法审判活动的根本目的就是为了实现人类的公平与正义的原则。司法代表着社会公正，司法公正是社会公正的最后的底线；法院是正义的制造工厂，法官"为社会提供正义的司法产品"③。司法为了体现公平正义，于是形成了规范与原则，并赋予其结构，使之融为制度。在法官的意识中，正义应当被看作为是种理念，它与其他的如公平、公正等理念具有相同的意思。所谓理念就是规范之上的规范，也就是"元规范"（meta-norm）。"规范"一词，在古希腊文中为"nomos"，包含法律、伦理习惯、宗教礼仪等意思；拉丁文为"norma"，英文为"norm"，包含准则、标准、模范、模型、典型等意义。亚里士多德在讨论正义的美德时，他所使用的就是古希腊语中的"nomos"（法），当然这不是指实在法。在我们的理解中，这种"nomos"的首要意思就是协调人类交往的社会规范。④这与在伦理学中人们把"excellence"（美德）看作一种看待世界的方式相契合。

显然，规范的核心意义在于：作为行为的指针和标准，对人们的行为起到指引

---

①　[德]H·殷科：《法哲学》，林荣远译，华夏出版社2002年版，第9页。

②　[德]费希特：《国家学说或关于原初国家与理性王国的关系》，潘德荣译，中国法制出版社2010年版，第66页。

③　王雷：《论法官的管理激励》，载《人民司法》2002年第11期。

④　[美]劳伦斯·索伦等：《美德法理学、新形式主义与法治——Lawrence Solum教授访载》，载《南京大学法学评论》2010年春季卷。

作用,并在行动符合/未符合其设定的标准时发生相应的积极/消极效果。①"休谟(David Hume)在讨论正义的规则时说到了这些,他认为正义的规则就是毫无偏见地对待A和B,不论A和B是谁。正义要求A遵守和B订立的协议以及对B所负的履行义务,不管他们之间私人关系如何或者没有私人关系。这在近来西方哲学对正义的分析中一直是一个标准的观点。即使是那些不同意正义是赋予每个人所应得之物或满足人们对于尊重其权利的需要或确定人们的功过所必需的人也同样具有这一观点。不管正义的首选标准是什么,行为正义被公认为一个不偏不倚、客观的普遍观点。"②

在英文中,法官与正义具有相同的含义。法官一词的直译就是裁判或正义;法官工作的地方叫Court,直译是指统治者的居所或庭院;或指分配正义的地方;或者说,就是统治者裁判或实现正义的庭院。而连接着司法角色与规范之间的纽带正是正义原则,通过分配正义来实现。因此,司法机构的雏形就是统治者立法的宫廷。③

在西方两千余年的文化传统中,司法公正、司法中立的理念往往反映在一幅肖像中,即正义女神的形象,古希腊神话称之为西密斯(Themis);罗马神话则叫作加斯蒂娅。她是一位威严的女子,蒙住眼睛,手持长剑与天平。蒙住眼睛的意义是在于使得法官与朋友不同,不会被可能影响其判断的信息所误导。天平用来衡量从而使得每个人得到他应该得的份额,不多不少,因而借指正义。右手持剑代表着司法的一丝不苟,惩恶扬善与绝不姑息。在西方国家的法院大门前,都伫立着这个正义的女神,她体现着人们对法官公平与正义的期望:"法官必须以公正无私的精神行事,如女神手中之天平;在做出裁判时不怜悯、不妥协,如女神之剑;不畏权势,也不回滥施同情,以致作出不公的判决。"④

法官始终必须牢记的是:"正义是给予每个人他应得的部分的那种坚定而持久的愿望。"(查士丁尼《法学总论》的第一句话)⑤"正义"概念的实在性既然已由理性

---

① 雷垒:《法律规范冲突的含义、类型与思考方式》,载陈金钊、谢晖主编:《法律方法》(第七卷),山东人民出版社2008年版,第248页。

② [德]马丁·霍利斯:《哲学的初体现》,庄瑾译,北京大学出版社2009年版,第154页。

③ [美]博西格诺等:《法律之门》,邓子滨译,华夏出版社2007年版,第331页。

④ 大卫·义普:《司法中的偏见》,载怀效锋主编:《法官行为与职业伦理》,法律出版社2006年版,第107页。

⑤ [古罗马]查士丁尼:《法学总论》,张企泰译,商务印书馆1989年版,第5页。

的法则予以了证明,它就构成了法官思辨理性的整个建筑的拱顶,而所有其他的,如公平、公正等作为单纯的原则,在法官思辨理性那里本来是没有居所的,现在依附于正义概念,与它一起并通过它得到安定和客观实在性。因此,正义在法官的实践理性中起主导价值观的作用。

二、法官职业发展的历史进程

"正当化来自'正当性',源自于拉丁文 lex,愿意是'法'。这就是说,凡是合法的就是正当的。就严格意义的法理和法制制度而言,正当性等于'合法性'。在西方社会和文化的传统历史上,一般地说,凡是正当的,不只是合法,而且又是符合理性以及道德伦理的。"[①]统治者设立法官制度以维持其社会秩序,正当性是基本的要求,市民必须觉得大体上应该服从、尊重法官,按照法官判决中的要求做起。

法官作为一个具有悠久历史的职业,它最初是怎样被设立的? 又是如何形成的? 由于史料的缺乏,或者说,"历史"的画廊根本就是由复制品构成,因此,我们很难想象出一个完整的图景。但根据人类知识起源的一般特征,人类对法官的理性认识无非是源于经验、主体性感悟与先验的理性认知有关。这种认识论把最终的认识要素推托于主体与客体,它预设了现实对象中存在着真理或者主体内部先验地具备真理的条件。[②]而所有这些论说的基点,都是由支配我们的认识论地位决定的。在这个意义上,我们从法官实践的思想理念中获得的裁判世界的司法价值和法官的正义美德,构成了现代法官制度的真正的崭新的内涵。

从一般的意义上讲,制度可以被理解为社会中个人遵循的一套行为准则。那么法官制度是什么? 法官制度可以被理解为为法官设定的一系列行为规则。这种规则能约束、规范法官的行为,帮助法官形成对其审判行为的预期。在约束法官行为时,法官制度表现为一定的行为规则和准则。我们对法官这一对象的理性预设,纯粹是将他(法官)作为一种拟制人格的人性(人的本性)来认知。我们对法官的理性解读,主要是通过法官的实践来理性建构的。这一建构过程既体现了法官的存在本性与思维方式所使然的观念形态;也反映了司法审判过程区别于其他活动过程的本质特征。因为法官的实践理性与其存在本性直接相关。

---

① 高宣扬:《后现代论》,中国人民大学出版社2005年版,第85页。

② 陈德庆等:《人类学的理论预设与建构》,社会科学文献出版社2006年版,第2页。

我们对法官实践理性的研究目的,是为了使法官成为一个独立于受身体条件限制的人(人的现象)。为了有利于本研究的展开,本书将以"第一哲学"亦即形而上学论证法官。当然,这主要不是从法官的形象着眼,而是把法官作为具有自由意志的对象来研究。无论我以怎样的研究对象为蓝本,都是在这一主体/客体模式的共同基础上展开的,并试图从各式各样的关于法官的本性认知中获得一个普遍的共识。

理性是我们建构法官世界的观念源泉,而法官的历史则是学者心灵进行综合的中介。我们要探讨原初法官的产生与起源,及其初始的制度建构基础,全是凭借法制史上幸而存在的文献来展开。"历史",一般而言"包括了这样两个意思:一是指人类的过去,人类的一切活动、创造以及所经历的事件;二是指历史学,即人们对自己的过去的记述和认识"。也可以把这两层意思表述为"客观历史"和"主观历史"。由于历史的不可复制性,客观历史已经死亡。可以这么说,我们今天所要探讨的并不是法官的历史本身,而是由我们用来探索法官历史的方法所揭示的"法官"。因为今天的我们再要探讨法官产生的过去历史,从真实性上看很可能是徒劳的。但好在笔者并非是以探讨法官的起源为目的,而只是将法官职业的兴起作为本论题思考的一个历史导言。把西方法官的客观历史存在作为一个理论的前设,由此展开对法官职业的本质、意义和发展方向探讨。

就理性在人类行为中的作用而论,人与动物不同,人不可能依靠本能,而是必须使用理性。"理性能够用来做的事情就是创造一个契约,在冲突先前占据统治地位的地方,这个契约施加了一种和谐。"①原始社会通过传统习俗和由全体氏族或部落成员共同协商达成的解决争端和纠纷的方式方法是被大家所确认,并具有正当化的含义,这种"正当"被苏格拉底称之为自然法上的正当。

(一)法官职业与原始法律或习惯的关系

从法社会学视角来看,司法并不起源于国家,它在国家之前就已产生。最初立法和司法都超出了国家的范围和领域。在原初社会中,裁判者对个体争议的解决一般是按照"习俗"和"习惯"来进行的,这种裁决并没有所谓的国家授权,而且裁决的效力也不与国家或强制力的概念发生关联。"法律在过去是与未加审查的'习

---

① [美]詹姆斯·施密特:《启蒙运动与现代性》,徐向东、卢华萍译,上海人民出版社2005年版,第322页。

俗'、'习惯'联结在一起的,它的'规范性'特征一直被人们视为常识性真理,而通过'类比'成为人们追问'自然'规则和秩序的信念源泉。"①或者可以说,"习惯是神圣的,它的规范是神圣的。用索福克勒的话语来说就是:'这些法律不是适用于现在或昨天的,它们永远具有生命力;因而没有人知道它们是在什么时候第一次被给予我们。'"②

当我们对历史作一种学术的回顾与比较时,总要选择一些参照物体。在某种意义上说,"罗马人最早发展了严格意义上的法律和法律职业,而这两者构成了现代法治社会的基础。但是,罗马人关于法的最早的概念是以希腊人的思想为源头建立起来的。"③因此,参照物的选择一定会是以西方法治主义之源——古希腊、古罗马为蓝本进行思想追溯。总体上说,我的选择所包括的是比较典型的古希腊社会的"城邦"和日耳曼早期的部落这些研究样本。

古希腊的早期历史分为两个基本时段:从约公元前2000年至公元前1100年为克里特、迈锡尼时代;从公元前1100年至公元前800年为黑暗时代(也称为荷马时代)。在这两个时段内,古希腊大部分地区还处于原始公社阶段,每一个农村公社都各自独立,不受外部控制,部落首领的主要职责是在军事与祭祀方面。几乎没有例外,习俗就是法律,司法行政只是民间私人的。④当然,在极少数情况下,也会由部落首领主持审判重大刑事案件及少数民族案件。根据荷马的记载,古希腊早期的部落审判通常包括如下内容:当事人双方在自由民大会上控辩;部落酋长主持审判;然后由精通法律的智者提出多种判决意见;最后由自由民投票采纳其中最好的一个并由此结案。

由于当时的社会生产力发展水平低下,物资匮乏,民众的法律纠纷一般都比较简单、具体和琐碎,远远没有复杂到需要进行抽象和概括的地步。也正是如此,古希腊体系化法典稀少,法律在古希腊早期农村公社中的地位和作用并不突出,反而是人民大会制定的或社会直接生成的习惯,其效力高于法律。这也导致古希腊早

---

① 赵明:《实践理性的政治立法》,法律出版社2009年版,第149页。

② [美]哈罗德·J·伯尔曼:《法律与革命》(第1卷),贺卫方、高鸿钧、张志铭译,法律出版社2008年版,第77页。

③ [美]罗斯科·庞德:《法理学》,封丽霞译,法律出版社2007年版,第18页。

④ [美]爱德华·麦克诺尔·波恩斯:《世界文明史》(第1卷),罗经国等译,商务印书馆1987年版,第211页。

期农村公社大量的法律纠纷不是在民众集会中或依靠这些长官解决的,而是以政治方式通过讨论协商而予以解决的。当然,能够有资格参与政治讨论协商的人并不是一般的普通民众,而是拥有权威的人,他们通常都是村中或部落中受人尊重的长老。因此,在古希腊早期农村公社中,最初的"法官"似乎应该是由农村公社中的长老来兼任的。

如同其他氏族一样,日耳曼王国时期并不存在专门解决诉讼的所谓法院,也没有专门审理诉讼的所谓法官。当作为王国居民的日耳曼人遇到诸如盗窃、伤害等经常发生的情事时,一部分人会选择传统习俗,寻求家族的援助,或者是通过物质上的补偿,如交纳和解金,或通过血亲复仇来得到解决。在原始社会时期,"犯罪和惩罚单纯是被损害者和他的家庭与施害者和他的家庭之间的事情"[①],与他人无关,因此,社会成员之间并未对"公正"达成共识;也就是说,人们接受的是不同的正义原则:有人认为正义的实现并不靠法庭,处死犯罪,绞死窃贼,家族之间的血亲复仇都是解决争端的好办法;而另一部分人会选择通过集会,依靠长官来解决纠纷,这被认为正义的实现。

随着时间的推移、社会的文明与进步,人们就一些具有社会普世价值的观念达成了共识。在那里:①每个人都接受,也知道别人接受同样的正义原则;②基本的社会制度普遍为人所知地满足这些原则。[②]日耳曼部落的公众集会的举行,"不仅是为了解决纠纷,而且是为了用友好的方式提供建议和商讨问题。它致力于确立公正(right)。智者或witan(有见识的人们、见证人)提出他们的见解,努力使家庭集会团结一致。部落或民族还通过对做坏事者的集体抵制,寻求自我保护"。[③]随着通过公众集会依靠长官来解决纠纷的事例增多,久而久之,它便被人们所接受并形成共识;于是人们便称呼这种传统的公众集会为法院,而对主持、参与集会的人称之为法官。[④]这似乎印证了法律社会学者对"法院"的论断。"法院并不是作为国

---

① [丹]努德·哈孔森:《立法者的科学——大卫·休谟与亚当·斯密的自然法理学》,赵立岩译,浙江大学出版社2010年版,第240页。

② [美]约翰·罗尔斯:《正义论》,何怀宏、何包钢、廖申白译,中国社会科学出版社1988年版,第5页。

③ [美]哈罗德·J·伯尔曼:《法律与革命》(第1卷),贺卫方、高鸿钧、张志铭译,法律出版社2008年版,第57页。

④ 李秀清:《日耳曼法研究》,商务印书馆2005年版,第379页。

家的机构而产生,而是作为社会机构而形成的。法院的最初功能不过是依据彼此间建立起紧密联系的氏族或者家族授予的权威来裁决这样的问题:不同联合体之成员间的争端是否可以通过支付赔偿金的方式来调解,或是犯罪必须通过流血的方式来赎罪,并最终决定赔偿金的幅度。直到后来很晚的时期,国家才设立法院……稍后,国家也获得对前种理性法院的控制权。"①

"诡异的法院形成过程,暗示法院应当在庞大的政府机构之外为公众所理解。它同时也表明法院的正当性来自于公民在机构功能确定下来的选择。公众将争议交法院,并接受裁决的约束。"②于是,法官出现了,"尽管最初并没有力量强制把争端交由其处理。早期的法官更像仲裁员,他们只有在当事人自愿选择其解决争端时,才有权审案。再后来的司法体系中尚能找到该遗风气"。③在日耳曼民族中,法院是从传统的集会,法官则从传统的主持、参与集会者演变而来。

无论是以军队的领袖抑或农村公社、氏族部落中的长老这样的人来充当"法官",他们一个明显的特点是缺乏组织性与固定性。然而,有一点是肯定的,无论是谁来担当"法官",行使"审判"职能,他们却都会遵守同样的规则:选择习惯和惯例作为规范社会的秩序规则。

在富兰克林·H·奈特看来,原初社会具有如下鲜明的特征:首先,原初社会秩序的生存是通过"试错法"长期试验调整的结果;其次,既然在原初社会中"生活条件和人类自身基本不变",那么像其他任何组织一样,裁判组织"就会是一个确定的组织,这一组织是完美的,因为不会有人要求改变"。在原始社会的氏族部落时期,人们在解决各类社会冲突与纷争的试错中,总结出了多种解决纠纷的机制与方法。而这种机制与方法目的总是围绕着对当事人纠纷的协调与部落首领的调解展开的。"在部落或者村落中,他会是任何一个人,它由于偶然原因担任了这一角色并且与争议双方中的当事人之间。"④当然,作为调解人的部落首领,他并不是

---

① [奥]尤根·埃利希:《法律社会学基本原理》,叶名怡、袁震译,中国社会科学出版社2009年版,第88页。

② [美]欧文·费斯:《如法所能》,师帅译,中国政法大学出版社2008年版,第67页。

③ [比]R·C·范·卡内冈著,薛张敏敏译:《法官、立法者与法学教授》,北京大学出版社2006年版,第126页。

④ [美]马丁·夏皮罗:《法院:比较法上和政治学上的分析》,张生、李彤译,中国政法大学出版社2005年版,第4页。

一个毫无独立意识的传话人,他通过"重新表述"他所传递的信息,对当事人双方来施加影响。①

在远古社会的氏族部落中,承担秩序协调与裁判职能的人最初都是集体(或者联合体)中那些身强体壮或者德高望重的长官或长老,总之是由最能干的成员组成。他们凭借着其威望,将氏族部落中久存的公序良俗上升为全体成员的行为准则,久而久之,一些群体生活的准则就形成了以氏族或部落为基础的原始法律,也有人称之为习惯法。不同的人类群体在长期的共同生活中发展出不同的习惯法,这些原始法律的相同特征体现在:它们的形式乃是各种规范的复合体边际弥漫不清;它们都蕴涵着丰富的地方性资源。随着社会向较高文明社会过渡,原始的神明裁判、决斗、贤人裁判等野蛮无序方式逐渐被有序的文明社会所抛弃;一种具有部分自主性的习惯法律得以产生。把习惯法律与政治权力结合起来的方式令人关注。依"习惯法"裁判,无论这种裁判反映的是什么人的意志,但他在形式上仍然是体现着公力的救济性,强调的是人们对裁判正义与正当的要求,并继而排斥私力救济的不正当性。"争端源于人们之间(个体之间和次群体之间)的不和,在其中,一方的所谓权利被认为受到另外的一方的侵犯、干预或者被另一方拒绝承认。这另一方可能否认侵害了对方的权利,或者通过诉及其他的替代性的或者最根本权利而将其正当化,或者承认指控;但他却不满足这种权利诉求。而权利诉求者,无论基于何种原因,都可能会同意这一点,而不引发纠纷。如果他不愿意接受,那么他就会通过共同领域中的一些常规化程序来试图改变这种状况。"②

自人类进入到阶级社会后,就赋予了完全竞争的世界以进步和动态特征。公共权力的正当化问题最早是由古希腊人开始讨论,"从根本上说,它可能源于一种对人的高度重视和由此衍生的对正义政治秩序的极致追求"。③原始社会,人们对原始法律或习惯法的尊重,体现了氏族首领维系部落秩序,以及团结社群成员力量的基本要求;同时也反映了超越了所有个体之上的公共权力需要正当化的要求。从权力的本源上看,公共权力是个人权利让渡的结果。"倘若人人都在涉己的纠纷

---

① [美]马丁·夏皮罗:《法院:比较法上和政治学上的分析》,张生、李彤译,中国政法大学出版社2005年版,第5页。

② [英]博温托·迪·苏萨·桑托斯:《迈向新法律常识》,刘坤轮、叶传星译,中国人民大学出版社2009年版,第124页。

③ 张凤阳:《政治哲学关键词》,江苏人民出版社2006年版,第326页。

中充当法官,实施强行正义,则可能陷于普遍暴力而无法生存。人的理性使他们认识到谁也无法过分和不受限制的相互侵害中得到任何最终的好处,于是公众自愿让渡部分权力,通过立约的形式建立起'公共权力'。"①既然公共权力是全体氏族、部落成员共同契约的产物,而契约被视为是关于"良心"的事务;因此,任何加入这个契约的人,都必须遵守这个共同的契约。这是公共权力设立的一个根本性的前提假设。原初社会"公共"权力正当化过程的代价是低廉的,如同马克思·韦伯所言,"习惯是最基本的社会知识,它存在于人们的生活方式之中,散布在社会关系网络的每一个点上"②。它体现的是氏族成员的认同,而不必靠暴力来支撑。

在阶级社会初期,习惯已发展为一种相对集中和相对形式化的知识,可以用语言加以表达,并由社会上的"绅士"来加以解释,其内涵已包含有权威性与政治性的特质。说到解释,它与"创造"具有不可分割的联系。在西方语言的主要分支中"权威"一词的根源都是"author"即"创造者"。从这个意义上讲,创造性认同是权威认同的真正原型。③在英语中,权威是"authority",其意思是"power or right to give orders and make others obey"(做出命令使他人服从的权力或权利)。④在《现代汉语词典》中,对"权威"一词有两种解说:"一是使人信服的力量和威望;二是在某种范围里最有威望、地位的人或者事物。"⑤所以,权威即标志着人们对某一对象的服从关系。美国心理学家米尔格拉姆在对权威理论进行系统研究后得出一个结论:人都有一种服从权威的倾向。⑥在阶级社会初期,控制和解释习惯、惯例的"绅士",通常都是村中或部落的长老。社会的传统已经形成了这样的观念:社会行为的传统规则只有他们才有资格来运用。其体现的是原初民众的"主体"意识。习惯的法律与权威、政治的结合:一方面使得有可能对凌驾于争端各方之上的法律裁判和执行的程序加以建制化;另一方面也使具有权威形式的"法官"的形式得以构建,这也

① 张凤阳:《政治哲学关键词》,江苏人民出版社2006年版,第196页。

② 郑戈:《韦伯论西方法律的独特性》,载李猛编:《韦伯:法律与价值》,上海人民出版社2001年版,第62页。

③ [美]E·希尔斯:《论传统》,傅铿、吕乐译,上海人民出版社1991年版,第204页。

④ 《牛津现代高级英汉双解词典》,商务印书馆、牛津大学出版社1988年版,第70页。

⑤ 《现代汉语词典》(修订本),商务印书馆1996年版,第1048页。

⑥ [美]皮特里主编:《动机心理学》(第5版),郭本禹等译,陕西师范大学出版社2005年版,第238—240页。

就是所谓的主体性体现。法律的正当性显然是在旁观者的反应中找到的,法律和单纯道德义务的区别在于它的清晰、明确和力量。法律是正义之清楚的制度化。法律自发地产生于权利的冲突中,人们在社会群体中一起生活时,免不了就发生冲突。虽然原始社会中往往以武力来解决争端,但自利与社会压力会更经常地其引向某种仲裁。通常仲裁者是有着某种社会地位的人。①

在阶级社会初期,规范化的习惯规则作为组织社会秩序的秩序范式,体现了原初的正当性观念。而原初状态的权力正当性观念所体现的是有关部落如何能够为部落秩序或长老权力提供理据的问题,它既是部落长老与部落民众双方关于管理权支配与根据的说明和解释,同时也包括对这些理由的理解。通俗地讲,就是部落长老依据什么理由说明他具有管理部落民众的资格;部落民众又是依据什么来认为应当服从这种管理的道理。

(二)法官职业与鬼神、宗教的关系

在法官产生的初期,鬼神观念与宗教崇拜对法官的缘起产生过深刻的影响。就中国古代法官的起源来看,在中国古代,虽然宗教始终没能在人们的精神世界中占有重要位置,但鬼神崇拜观念对法官的缘起产生过深刻的影响。相传中国历史上第一位大法官皋陶身边的一只神兽"獬豸":它似鹿非鹿,似马非马,头上长着独角。相传獬豸生性忠直,能辨邪佞,当遇到疑难案件,只要将它牵出,它就能撞击真正的罪犯。正是由于獬豸象征着公正,所以,在中国古代,"獬豸"就成了法律与正义的化身,御史等执法官员所戴的帽子被称为"獬豸冠"。

回顾人类早期的历史,诉诸神来解决诉讼的原始方法随处可见,例如古埃及、巴比伦、古希腊以及以色列的法的神谕都有这样的机能。用彼得·布朗的话说,"神明裁判是'混淆敬神者的渎神者'、'模糊人的经历中客观和主观之间界线'的一个典型的例子。它依靠一种神圣又富有戏剧性的仪式去确定上帝的判断;它还具有'仁慈的缓慢性','为玩弄花招和某种形势的发展留出余地。'"②为此,早先的"法律体系是建立在神圣文本的基础之上,先知和祭司阐述法律原则,这类原则是从宗教

---

① [丹]驽德·哈孔森:《自然法与道德哲学——从格老修斯到苏格兰启蒙运动》,马庆、刘科译,浙江大学出版社2010年版,第166页。

② [美]哈罗得·J·伯尔曼:《法律与革命》(第1卷),贺卫方、高鸿钧、张志铭译,法律出版社2008年版,第54页。

经义所包含的正确行为的基本要素中发现的。在伊斯兰教中《古兰经》几个世纪来作为神圣法律的渊源,被称为沙里亚。类似地,印度法也混杂着种姓圣人对神圣启示的真实解释"。①由此可以想象,最初"懂法的人通常多少是具有巫术性资质者,只因其卡理斯玛权威之故而在各案发生时被召唤前来。或者,他们是祭司,如爱尔兰的布雷宏、高卢人的德鲁伊;或者,他们是经过选举而被承认为权威人士的法律名家,例如北欧的宣法者,或法兰克人的判决发现人。卡理斯玛的宣法者后来变成经由定期选举、最后经由事实上的任命而被正当化的官吏,而判决发现人则为国外所认证的法律名家——亦即审判人所取代"。②

如同其他的文明发端一样,法官的正当化过程还与法官的形式化密不可分。在人类社会早期,法官裁判的表达通常由宗教祭司宣示和解释。之后,随着社会由虔诚的宗教崇拜向世俗主义的转变(韦伯将这一过程称之为世界的"祛魅"),裁判的宣示权从祭司的手中解放出来,并转移到世俗的法官手中。由于法官与裁判密切相关联,故法官有法律的神谕宣示者之称。法官的形式化特征体现的是司法裁判的内在结构和本性。因此,柏拉图曾提出过发展形式的超越性观点。这对后来长久影响西方法律传统的自然法观念的成熟有着非常重大的意义。

形式化这种东西到底是如何灌输给后人的,其实连康德也未弄得清楚。而涂尔干对此的回答是:通过仪式。③在对仪式进行的考察中我们发现,社会仪式的作用主要有:一是通过仪式可以加强共同体内部的团结和联系;二是通过社会仪式促进社会期望的兑现。④梅因也说过:每一种法律体系确定之初,总是与宗教典礼和仪式密切相关。⑤博登海默同样也认为:"在古希腊的早期阶段,法律和宗教在很大程度上是合一的。在法律和立法问题中,人们经常援引的是特耳非的圣理名言——他的名言被认为是阐明神意的一种权威性意见。宗教仪式渗透在立法和司法

① [英]休·柯林斯:《马克思主义与法律》,邱昭继译,法律出版社2012年版,第61页。

② [德]马克斯·韦伯:《韦伯作品集——法律社会学》,康乐、简惠美译,广西师范大学出版社2005年版,第169页。

③ [英]欧内斯特·盖尔纳:《理性与文化》,周邦宪译,贵州人民出版社2009年版,第26页。

④ 戴长征:《仪式和象征:当代中国基层政治的"控制艺术"和"权力技术"》,载《江苏行政学院学报》2010年第6期。

⑤ [英]戴维·M·沃克编:《牛津法律大辞典》,北京社会与科技发展研究所译,光明日报出版社1988年版,第521页。

的形式之中,祭祀在司法中也起着至为重要的作用。国王作为最高法官,其职责和权力也被认为是宙斯亲自赐予的。"①在这方面,人们无意间以神为媒介来崇拜自己。这样说来,正是宗教,使得法律具有了人性。②

"神"是亚里士多德哲学中的最高范畴,当然,这里的"最高"主要是就其含义而言的。起初,法官是作为宗教的附属物而出现的。据记载,在对耶稣的审判时就经历了宗教裁判与世俗审判这两种程序。首先是犹太教公会(也被称为犹太教的最高法院)的审判。公元30年4月6日,犹太教最高法院大法官们决定判决耶稣死刑,并将其交给罗马总督彼拉多。总督彼拉多在审问耶稣并审查案件后得出的结论是没有查出犯罪事实,并准备稍事惩戒(鞭打)即予释放,但在宗教势力的影响下,他就判了十字架刑将耶稣处死。③这足以证明,法官的世俗审判一开始就是宗教裁判的附属物。

神的权威和价值影响着世上所有人的生活细节和一切行为,"显示了人类对秩序的殷切需求,以及伴随这种需求的一种信念,认为上述的秩序,不论在地球上或宇宙间,必须具备两项极为重要的因素:权威与强制"。④最初,人们在设定和拟制法官时,还赋予其含有自然属性特征和天然的权威角色。法官自然属性的本义就是指"天威",法官的实体则意味着法官角色能够像"神治"那样的行为。⑤法官的权威只有与"神治"的权威合而为一,社会秩序的运行才能和谐一体。但不久,法官的权威便被置于一种更高的宗教实体权威的控制之下。在法官权威与宗教信仰相互的融合过程中,一方面,宗教中的很多教义成为法官做出判断的基本价值标准,进而指导司法实践;另一方面,宗教强化了人们对法官的尊重,当世俗的法官借神或上帝的名义颁布判决的时候,它就获得了终极意义上的合理性。此时,法官充分体现了人为化和神秘化的双重特性。

宗教在赋予司法的神圣性方面,确实居于关键地位。"谁没估计到宗教信仰的

---

① [美]博登海默:《法理学:法律哲学与法律方法》,邓正来译,中国政法大学出版社1999年版,第4页。

② [美]欧内斯特·盖尔纳:《理性与文化》,周邦宪译,贵州人民出版社2009年版,第31页。

③ [英]丹尼斯·罗伊德:《法律的理念》,张茂柏译,新星出版社2005年版,第14页。

④ 高鸿钧:《法治:理念与制度》,中国政法大学出版社2002年版,第4页。

⑤ 赵明:《实践理性的政治立法》,法律出版社2009年版,第149页。

动力,谁就不能著述宗教发展史。"①西方国家的审判程式更多的是从宗教中产生,至今一些西方国家司法制度中仍渗透着这种意识。比如一些国家的诉讼程序中还保留着法院开庭前举行祷告、证人出庭作证手按《圣经》宣誓、法官在判决中仍可援引《圣经》内容的传统。同样,西方国家的法官的产生同样离不开宗教的影响。法官最初被社会认可是源自于宗教,比如代表法官权威的假发、法袍、法锤等饰物,就缘起于宗教礼仪与象征的器饰,这里面就隐藏着法官职业的"正当性"问题。

一般而言,我们对正当性的考察是在经验和理性这两个维度上去寻找高度的。"就经验而言,正当性表现为得到社会的普遍认同和尊重;就理性而言,正当性是经过道德哲学论证而取得的理性。"②而法官的正当性问题是以司法有效性和权威性的基础、根源、来源、渊源为核心的一组问题,它的基点在于获得尊重的政府系统或体制;但司法所要解决的是论证和确认该社会中所实行和维持的司法制度是否具有正义和公平的性质,法官存在的目的一定不是为了便于少数人统治阶层对多数人民众的压迫;而是为了保护少数人可能有意对大多数人的伤害。法官的形式特征,也就是他的正当性依据,为的是使人们理解和认识到:法官所有的权威性的基础、根源、来源以及渊源等都是天幸的,受到超自然的力的掌握和控制。法官代表着信仰、法律以及抚慰。

三、法官职业正当性的来源

对法官正当性的历史回顾,我们看到了,法官正当性是关注法官权力的来源和谱系,也就是从"发生的进路"去评价法官的权力。关于权力的来源通常有两个语义:一是权力来源于发生学意义;二是具体权力的来源或依据问题。这一问题又包括两种语义:其一是关系型的命题,即回答具体权力来源于何种社会现象;其二是权力的正当性论证问题,它谈论具体权力主体的某种权力依据什么?③所谓主体,即意味着自我证成和自我控制。一个主体就是一个控制自己的思想和行为的自我。把人当作主体,就意味着把人当作一切存在者的中心根据。"主体最早起源于

---

① [英]怀海特:《思维方式》,商务印书馆2006年版,第18页。

② 刘杨:《法律正当性观念的转变——以近代西方两大法学派为中心的研究》,北京大学出版社2008年版,第51页。

③ 周永坤:《规范权力——权力的法理研究》,法律出版社2006年版,第243页。

部落的家长权,是一种主管权。其中治理、管理、主宰的含义较为明显。"①所以,主体概念首先由权力的意义,而所有的权力都伴随着一种不言而喻的资格和权限;只有具备资格,其权力才能受到法律的主权者的保护。

在传统社会中,权利是与特点的社会等级相联系的;而在近代社会,权利则是与"个人"不相分离的。"希腊哲学家们并不讨论权利问题,这是事实。"②麦金太尔考证说:"直到中世纪即将结束为止,在任何古代的或者中世纪的语言中,都没有可以恰当地表达我们所谓'一项权利'的词语。"③显然,"'权利'话语在近代以来世俗文化中的广为流行,这无疑意味着'人'的观念的根本性变革。近代以来的世俗文化即对人的自然欲求予以充分的肯定;同时也确信通过人的理性自为,能够建构起比较完满的规范和制度秩序,以妥善地处理人与人、人与社会、人与国家之间的种种微妙而复杂的关系。"④随着人类社会的日益复杂化,及人的主体性观念的日益增强,人类社会所特有的权力现象也就产生了。

"权力"一旦出现便具有了"不能把握和控制"的特性。在人类社会的特定历史时期,利益的量是有限的;但作为社会个体的个人,其对利益的欲望是无限的。所以,权力天生便具有"自利"与"行善"的双重色彩。也就是说,人们对权力的使用既可能是破坏性使用,也可能会是建设性使用。为了防止权力行使失去控制,于是,一种表面上凌驾于社会之上的力量产生了,"这种力量应当缓和冲突,把冲突保持在'秩序'的范围以内;这种从社会中产生但又自居于社会之上并且日益同社会异化的力量,就是国家"。⑤国家是一个机器,它要求对某个特定领土和相应的全体国民合法使用有形暴力和无形暴力的垄断。国家之所以能够实施象征暴力,是因为它以特殊机构的形式体现在客观性中,同时也体现在"主观性"中,或者,如果愿意这么说的话,以智力结构、知觉模式和思维模式的形式体现在头脑里。⑥

---

① 高鸿钧:《法治:理念与制度》,中国政法大学出版社2002年版,第4页。

② [美]罗斯科·庞德:《通过法律的生活控制》,沈宗灵译,商务印书馆1984年版,第44页。

③ MacIntyre A., *After Virtue*, University of Notre Dame Press, 1984, p.69.

④ 赵明:《实践理性的政治立法》,法律出版社2009年版,第217页。

⑤ 恩格斯:《家庭、私有制和国家的起源》,载《马克思恩格斯选集》(第4卷),人民出版社1995年版,第170页。

⑥ [法]皮埃尔·布尔迪厄:《实践理性》,谭立德译,生活·读书·新知三联书店2007年版,第86页。

司法——通常被认为是一种解决纠纷或争议的方法——逐渐从公共事务中分离出来，便发展成为一种专门化的司法事务。最初的司法概念是宽泛和有弹性的。比如，H·坎特威茨就将"司法机关"定义为"与某纵横'决疑术'相关的明确权威"。这种"决疑术"即是说将原则运用于各方之间相冲突的个案之中。坎特威茨是在一个非常宽泛的意义上使用"司法机关"这一概念的，或者如他所说，是在一个非常"谨慎和非常技术的意义上"来使用此概念，因为它包含了国家法官、陪审员、头人、首领、术士、牧师、贤达、预卜凶吉者、部落长、宗教法庭、军事组织、议会、国家机构、司法官、审查官等。正是这种宽泛度和弹性使这个概念在这里非常有用。①

司法的出生证明是围绕着司法权的行使而颁发的，因此，司法任务与权力首先要与法官这一公职相关，并非与充任此公职的个人相关。此种"公职与充任此公职的个人的分离是一个历史过程的结果，在这一过程中，权力与权威分离。在现代国家创立之前，权力系于个人并因而听命于那个人的命运以及他挥舞那些权力的方式。比如，孟德斯鸠就继承了他舅舅在波尔多省的司法权力。不过，权力与权威慢慢从个人与他们的财产中分离出来，逐渐被看做属于一个机构、一个公职。与挥舞私人权力的个人相比，公职具有一定的长期性，他们的组织、任务与权力能得到较好界定的特点。"②由此，人们完成了社会意义上的"法官"向按国家意义上的法官的过渡。于是法律意义上的法官便产生了。

随着国家权威变得绝对化，任何违背社会的犯罪行为都被视为对社会和平的损害，国家可以对其行使司法权。比如：征服了罗马帝国的日耳曼民族在西欧洲定居下来以后，诉讼的增多及法院的经常召集，原来的长官再也不可能亲自参与每一个案件，于是开始任命一些人专门主持法院的审判工作。在此，国王是通过发展壮大司法权来进行的，这种司法权最初或多或少地是在一个地方的水平上的，后来则成为了整个民族，这个民族完成了这最后一步。法官一旦出现，便进入制度文明的范畴。而制度文明其实说的是一种过程，或是一种状态。当法官进入了制度文明的范畴，那么司法制度的复杂化现象从此也就开始了。我们每个人都将受到我们生活在其中并且所隶属的文明制度的约束。

---

① [英]博温托·迪·苏萨·桑托斯：《迈向新法律常识》，刘坤轮、叶传星译，中国人民大学出版社2009年版，第123页。

② M·A·洛思：《法官伦理》，载怀效锋主编：《法官行为与执业伦理》，法律出版社2006年版，第207页。

四、我国法官正当性与合理性的简单思考

当今中国的法官制度是建立在现代化的法律背景之上,强调这一点是为了区别于中国传统司法。中国法制经过这么多的风风雨雨,无论从哪个角度来看,中国现代司法制度与中国传统司法文化没有任何的联系;也就是说,当今中国法官的"正当性"与"合理性"问题根本上不需要借助中国法制史上的任何其他因素的影响。在这样的背景下,我们对中国法官制度实行改革是否还需要再人为地添置与中国传统、现实毫无关系的法袍、法锤等饰物? 其实这是有商榷余地的。曾经,由河南省高级法院院长张立勇提出的"法袍"问题引起了很大的争议,中国政法大学的何兵教授就为此说道:"法袍与正义无关",穿法袍、敲法槌的做法,不过是"装神弄鬼的形式主义"。中国法院需要的是什么? 是程序正义和实体正义,而绝不是装神弄鬼的形式主义!那么这个"法袍"和"法槌"究竟给我们带来了什么呢? 我们看看印度环境和林业国务部长贾伊拉姆与2010年4月2日在中部城市波帕尔参加印度林业管理研究院毕业典礼时对"野蛮的殖民主义遗俗"的"学位服"是这么说的:"我不明白,我们为什么要在独立60多年后还保留这些野蛮的殖民主义遗俗。我们为什么不能来一场衣着简单的集会? 为什么要穿得像中世纪主教和教皇一样?"他一边说一边脱下学位服,露出印度传统服装白色无领衬衫。按照贾伊拉姆的说法,学位服习俗起源于13世纪的英国牛津大学,但印度天气炎热,不适合这种着装。贾伊拉姆的言论引来了在场听众的鼓掌喝彩。

这段话至少引起了我们进一步的思考。西方是西方,中国是中国,即使要寻找历史的文化与传统的根基,我们也应该是从中国过去的历史中去寻找,这样才可能更具有传承性。司法的最大特征是本土性,我们应当从中国法的正当性原则中推导出正义。"正义不是创造性的——但它却是特殊的法律原则,这个法律原则对于法律的定义来说是决定性的:法律是有意识服务于正义的实现。"①中国的司法现状永远是我们评价法官的基础。

---

① [德]G·拉德布鲁赫:《法哲学》,王朴译,法律出版社2005年版,第34页。

第三节　法官在法律职业共同体中的地位及作用

英文中"Justice"一词，如果用相对应的汉语表达，其意有三：一为公正，如正义、公平、正当、正确及合法；二为司法；三为高等法院或最高法院的法官。换言之，也可以用三句话来表达：一为"公正"存在于"高级法院"的"司法"之中；二为"高级法官"的"司法"就是"公正"；三为从事"司法"的"高级法官"就是"公正"。也就是说，Justice=公正=司法=高级法官。三种意思用一个词来表达，表明英语体系的人往往把这三者当成一回事，而且同其他语系的人一样，他们也总是在生活中产生纠纷，也不时会遭遇不平之事。但有所不同的是，他们崇尚公正（Justice），又总是喜欢通过司法（Justice）途径拉力解决纠纷、实现公正，为此，也格外崇敬和信赖从事公正司法职业、作为正义化身的法官（Justice）。因此，当言及"Justice"时，他们潜意识里往往同时指称着这三样事物。不论其他国家的人们是否有这种习惯，作为西方法治较为发达的国家，语言中的这种用法实则表明公正、司法和法官之间存在必然而密切的联系。

法官在民主国家中扮演着重要和特殊的角色。因为，是社会公众选出代表制定法律，管理者运用它们于工作中，执行者加强执行法律并且负有职责使法律被"忠实地执行"。在所有这些法律的制定、执行和实现过程中，冲突在权威的适当行使和正确解读官员和公民等的权利、义务之上产生了；在关于法律之意的实际冲突中，法官决定着哪种观点将被看作权威性的有效的观点，因此，政府、法律和公民之间的重要连接是由法官提供的。

于是，在社会制度的安排中，法官承担着行使国家审判权的职责。作为一种法律职业，他并不代表个人，只能以最强有力的、不留情面的社会理智的面目一如既往地、警惕地站在行政机关和国民之间，裁决他们的行为在法律上的适当性。对于他来说，其审判权来源于具有连续效果的公共权力——公众的授权，因而不应受任何个人或机构的直接活动的影响，他应超脱于各种关系而只具有审判功能，除了国家法律,"不再有其他的法,也不需要其他的法,它的意志无非是关于法的科学的真理,它的行为无非是宣判。因此,它既没多少权利也没有权力去实施强制,比任何自然的个人可能拥有的权利和权力要少得多。"①但是,其审判权的行使给人们带来的得失甚大,如果判决不公,某个当事人不仅可能会因此蒙受经济上的损失,还可能会因此蒙受社会道德上的伤害。而在法官说什么,法律也就常常变成了什么的国度和情况下,司法判决则影响到更广泛的其他人。基于此,法官应具有三种性质——独立性、中立性和相对消极性。

一、法律职业共同体中的独立者

法官是法律职业共同体中的独立者,具有独立性。所谓独立性是指法官审判案件具有真正的审理和裁决权,其意志不受他人意志所控制,不受外部环境和内部运行机制的干涉,只是根据其认识能力独立裁判,概括地称为法官独立原则。这一原则已经成为国际公认的重要司法原则之一,是司法独立原则的核心,其全部意义在于保证社会理智的公正行使,而法官只有在超脱于各种关系——政治关系、经济关系、私人情感关系的基础上才能维持这种意义,当然这种超脱也包括对自己特殊性格、情绪或喜好的屏蔽。如卡多佐所言:"如果一个法官打算将自己的行为癖好或信仰癖好作为一个生活规则强加给这个社会的话,那么,他就错了",②这必然会使公正的天平发生倾斜。因此,法官对各种关系的超脱以及对各种干涉行为的拒绝表明着司法权威的范围和程度,而这也是司法独立程度的指示器。

为了确保法官的超脱,制定有效的保障措施已为众多国家所公认。许多国家的法律对法官独立都有明确规定,并进而确立了法官独特的人身制度,如法官的任免、调动、待遇、退休、纪律等制度。这种以宪法或法律形式保障法官的良好素质、较高地位以及职务的稳定性和专门性,本身就表明法官职业的特殊性,以及对法官独立性的期待和确保,目的在于以赢得法官的真正独立来赢得民众对法官的尊重,并最终赢得法律的神圣、庄严和权威,以及民众对法律的信仰。

如果说法治国家的发展,"大体上要经历'警察国'(专治)到法律国(立法)再到法官国(司法)的过程"。那么一个成熟的法治国家,在很大程度上依赖的是法官这

---

① [德]斐迪南·滕尼斯:《共同体与社会》,林荣远译,商务印书馆1999年版,第318—319页。

② [美]本杰明·卡多佐:《司法过程的性质》,苏力译,商务印书馆2000年版,第67页。

个阶层在国家法律制度中的影响力和贡献。"在法官权力失灵无效的时候,在法官没有超越于其他权力干预之地位的时候在法官缺乏制度之卫护力和创造力的时候,宏大法治的建设可能只是空谈。"①所以,法官的独立,不仅关系到裁判权行使的效能,也关系到一个国家法治状态的程度以及法治的成型与否,这不仅需要通过法官的行为去落实,也需要各社会主体的积极配合。

二、法律职业共同体中的中立者

法官是法律职业共同体中的中立者,具有中立性。所谓中立性是指在司法活动中,法官相对于控诉一方或辩护一方的活动没有明显的倾向性,其思维不受案件任何一方当事人所左右,也不以追求社会效果及迎合公众评价为目标,其裁判仅以法律或法理为标准,而不以道德、情感、舆论等为参照物。我们知道,司法活动的最神圣目的在于主持正义,而现今的社会秩序并非通过共同的价值体系,或对国家权威的普遍尊重,或是赤裸裸的武力来获得;毋宁说,它是各种政治、经济和社会等制度以及各种活动之间相互依存的复杂网络的结果,这些制度和活动将权力划分为不同的中心,并且造成迫使人遵从的各种压力。处于这种权力之网和压力之网中,法官必然成为各方争取的对象,而提交到法官面前的必然都是各权力中心所无法解决和压抑的冲突和矛盾,在这种情形下,法官若没有听取双方的言词就做出裁决,也即法官若不能显示其中立性,则不能使冲突和矛盾得到公正的解决,从而纠纷不可能再次画上句号,结构的平衡和秩序的稳定将继续受到干扰,这有违以司法作为纠纷的最终裁决这一制度设计理念。

因此,法官的性质不过是居中裁判,如果他依附于任何一方,即使他做出了裁决,如果裁决具有与依附方相反的意向,会被公众认为是法官对依附方某种不满的报复;如果裁决支持依附方,则又会被公众认为是本该如此,因为他是依附方的附庸。

换句话说,正义来源于信任,而当人们认为法官偏袒时,信任即遭到破坏,正义便不复存在。因此,引用英国法官休厄特的一句名言:"不仅要主持正义,而且要人们明确无误地、毫不怀疑地看到是在主持正义,这一点不仅是重要的,而且是极为

---

① 舒国滢:《法律职业呼唤法哲学智慧》,载《人民法院报》2002年4月8日B01版。

重要的。"①因而,法官不管在实体上或程序上如何行事,都要考虑给其他人造成的印象,尽可能做到不偏不倚。如果在某种情况下出现偏袒的可能性,而不论这是否已经形成事实,只要有判断能力的人产生法官偏袒的印象就足以使对法官的信任遭到破坏,司法正义也就无从说起。因为各种审判模式和程序的设计应尽力保证法官的中立性,使得法官不仅能切实地主持正义,而且是以人们看得见的方式维护正义。如果说法官可能有所偏向的话,那只能是坚持法律。

三、法律职业共同体中的保守者

法官是法律职业共同体中的保守者,主要体现在其相对消极性上。所谓相对消极性意味着法官应具有适当的保守性。这一方面要求法官循法而动,另一方面则要求法官活动具有受动性。法律职业发展到如今,法袍加身的法官仍可见于各国,这与其说是以庄严的仪式极力维持法庭的气氛,毋宁说是以法袍作为法官保守性的象征。无论法官个人有着怎样的好恶和情绪,都被法袍所遮断,他不能介入争论,不能参与辩论,只能不急不躁、不偏不倚、耐心听证、依照法律公正裁断。在司法实践中不主动追求诉讼,只是在"告诉"的情况下,按照现有的事实和证据对案件做出判断。一般情况下,不受世俗价值的左右,只遵循法律而不积极寻求对法律的改革,这是法官之保守性的体现;同时,法官应保持自身相对独立的空间,应竭力避免其法律活动世俗化的倾向,在现实生活中避免抛头露面,避免参与行政活动和公益活动。因为一个符合现代法治精神且能高效运作的社会管理体系应当具备分工明确、各司其职的特点,法律活动不同于政治活动,法律评价也不同于道德评判和舆论评判,如果置法律逻辑与法律职责于不顾而与社会生活打成一片(如送法上门、上门揽案)则容易导致以可能带来多元化解释的某种政治需要或伦理观念作为审判的依据;这无疑表明该社会没有一个相对确定的法律领域,法律与政治、法律与道德、法律与经济没有清晰的界限,这样会失去法律运行上大致的稳定、连续和同等对待,从而导致最终失去法律制度的权威性。因此,"独善其身,坐堂问案"也是法官活动受动性的表现。

我国近年来相继爆出的法官被检察机关立案侦查的新闻,其实也表明不能确保职业的独立性。中立性和相对消极性,就不能避免职业风险。例如,"2006年深

① [英]丹宁伯爵:《法律的训诫》,杨百揆、刘庸安、丁健译,法律出版社1999年版,第98页。

圳市中级人民法院5名法官因涉嫌受贿被检察机关立案侦查,其中一人曾任该院副院长。几乎与此同时,湖南省高级人民法院原院长吴振汉因受贿607万元被判处死刑,缓期2年执行"。而法官集体"沦陷"的,并不仅仅是个案,"就在深圳中院集体腐败案之前,曾经有过'安徽阜阳三任中院院长前腐后继',湖北省武汉市中级人民法院法官窝案涉及法官13人……"的报道。①实际上,在法官执业活动中呈现在其面前的,往往是社会其他解决纠纷手段已无法解决的激烈纷争,法官的任务就是要定纷止争,所谓定权益之分、止权益之争。而刑事案件涉及被告人的身家性命,民事案件涉及当事人的财富得失,行政案件涉及公权力和私权利的强烈对抗。在法庭上博弈的双方当事人,为赢取胜诉,达到自己的目的,往往会运用所拥有的资源——或金钱,或权力,或名望,或人事关系,试图影响法官,甚至不惜使法官产生不当的倾向性,使法官做出有利于己方的裁判。这对法官来说,无疑是可怕的诱惑和巨大的陷阱,一不小心就会被拉下水或者自蹈火坑。其后果往往是既断送了法官的职业生涯,又损害了法律的权威。

所以说,当法官职业介入社会生活太广太深,用各类别利益主体的关系太近太密,就会使得法官和当事人搞权钱交易十分容易又便当。因此,法官、司法和正义之间的统一性和协调性便会丧失,如果这种情况在一个国家是多发的,则法律的公正性及社会秩序的稳定性、同一性便会失去,法治便也不复存在。基于此,独立性、中立性和相对消极性不仅应作为法官的特征,也应作为各社会主体和相关社会制度必须予以保证的目的。不仅是法官自己,而且所有社会主体都应明了:法官是这样的一种人,他受社会委托去权衡各种相互冲突的利益,一方面对当事各方同等对待,另一方面按照法律的立场而不是按照某些人所喜欢的立场来执行法律。这不仅是个案正义的要求,也是社会正义的立基之本。

---

① 李建平:《法院调查报告揭示法官职业风险》,载《法制日报》2006年11月14日第8版。

第三章　法官职业化的理论基础

第一节　职业化与法官职业化概念

一、何为职业化

职业化是一种状态过程，是一种趋势，它的目的是要达到一种职业目的或是职业标准。了解职业化首先要弄清楚什么是职业，职业是人类社会分工的产物，社会分工的结果是人们不得不终身地或长期地从事某一种具有专门业务和特定职责的社会劳动，作为自己获取生活资料、求得生存和发展的依靠。美国著名的社会学家帕森斯从功能主义的观点出发认为，职业是一般行业的角色群体，其中的从业者发挥着社会所珍视的某种功能，并通过其角色活动即职业活动来营生。一般说来，职业就是受过专门教育或训练的、长期从事具有专门业务和特定职责的行业的角色群体。其从业者主要是按照职业传统训练的，需要经过规范的教育过程，只有那些拥有这种训练的人才有资格从事这一职业。[①]

法官职业便是社会分工的结果。在西方社会，这种职业是最古老的职业之一。古罗马社会大体上具备了这种历史条件。古罗马时代。随着简单商品经济的发展，"随着立法发展为复杂和广泛的整体，出现了新的社会分工的必要性：一个职业法学阶层形成起来了"。[②]不过，这是与其特定的历史条件相对应的。这就是罗

[①] 李伟清：《法律职业化发展的社会学思考》，载《法制与社会发展》1996年第5期。

[②]《马克思恩格斯选集》（第2卷），人民出版社1972年版，第539页。

马城邦和帝国立法的发达和法学、法学教育的繁荣。这种条件并不是所有的社会都具备的。因此尽管人类一进入阶级社会,就有了法律和法律活动,有了从事法律活动的这种角色,但是,并不是所有的社会都出现了专门的法官职业。近代的法官职业,首先出现在实行民主和法治的西方资本主义国家,随着宪政民主制度的日益普及和法治的实践,法官活动的职业化已经成为一种世界性的趋势。

二、法官职业化的概念

对于"法官职业化"的概念,司法实务界和法学理论界有着不同的界定。最高人民法院2002年7月18日制定的《关于加强法官队伍职业化建设的若干意见》对"法官职业化"的概念做了界定,即"法官以行使国家审判权为专门职业,并具备独特的职业意识、职业技能、职业道德和职业地位"。

法学界则对法官职业化提出了不同的界定,主要有以下两种观点:第一种观点认为,法官职业化是指人们一旦成为法官,便应该与政治事务、经济行为和繁芜感性的社会思潮长期稳定地保持相对疏离,中立地、恪尽职守地从事审判工作,而不应该在担任法官的同时从事其他社会经营以获取利益,国家则应该为法官的职业行为提供成熟有效的保障和约束规范作为制度基础,包括法官的职业资格制度、法官的职业培训制度、法官的职业保障制度、法官的职业责任与法官道德机制。[①]第二种观点认为,法官职业化,是指法官不仅作为国家公职人员履行国家公职人员的职责,而且更重要的是属于特别职位,以特殊的工作方式,实现特别的职能——法律裁判职能。

对于我国司法实务界和法学理论界提出的关于法官职业化的界定,都有一定的合理之处。但是,笔者认为,法官职业化,是指我国为了追求司法公正和提高诉讼效率这两个目标的实现,为了最大限度地满足我国民众对公平、公正和正义的需求,根据我国的实际情况,把我国法官制度科学化的过程,是实现我国理想状态下的法官制度的过程,这一过程涉及法官制度中的法官选任、法官培训、法官保障、法官惩戒、法官职业道德等一系列制度的科学化问题。这样界定的理由是,首先,我

---

① 谭兵、王志胜:《论法官现代化:专业化、职业化和同质化——兼论中国法官队伍的现代化问题》,载《中国法学》2001年第3期。

国正在进行法官职业化建设是一场对我国法官制度进行的重大改革,改革的出发点是为了保障司法公正和提高诉讼效率这两个目标在我国能够全面实现,以及最大限度地满足我国民众对公平、公正和正义的需求。其次,这场改革的内容,是把那些阻碍司法公正的实现、降低诉讼效率和妨碍民众对公平、公正和正义需求得到满足的东西摒弃掉。再次,改革的原则是根据我国的具体国情进行。法官职业化建设不能脱离中国的实际情况进行,否则,改革是不会成功的。最后,改革所要达到的目标,是要把我国现在的法官制度调整到最佳状态,即达到理想化也就是科学化的状态。

三、法官职业化的特征

上述关于法官职业化的概念的界定,可以得出法官职业化应该具备以下几个特征:

(一)司法公正与效率

司法要公正,是我国人民法院在21世纪法院改革的主旋律之一。司法必须公正是法官制度科学化的核心问题,因此,也是我国法官职业化中的核心问题。所谓司法公正,指的是司法的实体要公正、程序要公正。法官的职责就是实现司法公正。司法必须公正,是任何一个国家法官制度科学化的出发点,因此,它是法官制度科学化的核心问题。法官职业化作为我国法官制度科学化的外在表现,其追求的目标和核心问题也必须是为了司法公正能够在我国得到实现。

诉讼效率必须提高,也是我国法院改革的主旋律之一。提高诉讼效率也是我国法官制度科学化的核心问题。既然法官制度要科学化,就必然要求法官不但处理的案件质量要高,而且效率也要高。提高诉讼效率是我国法官制度科学化的必然要求,因此,法官职业化作为法官制度科学化的表现,其所要达到的目的和核心问题,必然也包括法官必须提高诉讼效率。

总之,公正与效率,是我国法院改革的两个主旋律,公正与效率也是一个国家法官制度科学化所要达到的目标。因此,司法要公正和提高诉讼效率,也必然是我国正在进行的法官职业化建设所要追求的两个目标。

（二）代表国家行使审判权

法官，是一个根据法律的规定对纠纷做判断和处理的人。法官的裁判权不是上天赋予的，也不是某个人给予的，而是《中华人民共和国宪法》、《中华人民共和国法官法》、《中华人民共和国人民法院组织法》、《中华人民共和国民事诉讼法》、《中华人民共和国行政诉讼法》和《中华人民共和国刑事诉讼法》等法律所赋予的。也就是说，法官之所以能够对发生在社会生活中的纠纷进行判断和处理，是我国的法律赋予他的权利。

（三）法官必须受过严格而系统的法律训练

这是法官职业化与法官职业大众化的一个重要区别。能够成为法官职业化制度下的法官，必须受过严格而系统的法律训练。一般来说，法官必须是在国家承认的高等院校的法学院受过关于中国法律的系统训练，并对中国的整体法律体系有着宏观和微观的掌握。这样的训练能够使这些人经过四年甚至更长时间的法律熏陶，具有法官所应该具有的独特气质。如果不具备该项特征，就不能说这一国家的法官制度已经走上了科学化建设的道路。

（四）法官是社会中的精英

并非所有的受到过系统法律专业训练的人都能够成为法官。法官是社会中的精英，是法官职业化建设中的一个重要内容。由于法官职业化制度下的法官必须具备优雅的气质、高尚的道德情操、对正义的不懈追求、高超的裁判技巧等特质，就决定了并非所有受过系统法律专业训练的人都能成为职业法官。

（五）法官必须具备有敏锐的法律分析能力和判断能力

职业化制度下的法官必须要具有敏锐的法律分析能力和判断能力。既然职业化制度下的法官都受过系统的法律专业训练，属于社会中的精英。这就必然要求法官必须具备高超的法律分析能力和判断能力，否则，就不是职业化制度下的法官所应该表现的特质，而是法官职业大众化制度下的法官特质。法官敏锐的法律分析能力和判断能力的培养，除了在选任法官时要注意法官候选人是否具备这方面的能力外，更重要的是通过法院定期组织的法官培训来予以培养。通过对法官的新法律法规、方法科学、逻辑学知识、中文知识、政治学、经济学、自然科学等方面进行培训,可以有效提高法官的法律分析能力和判断能力。该项特征也是一个国家法官职业化建设不可缺少的一个重要方面。如果缺少了这一特征,该国家的法官职业化建设就不可能完成。

(六)法官必须具有高尚的道德情操和对公平正义的不懈追求的司法品行

法官应当是正义的化身,这一观念目前也是研究深入我国人们的心中。法官职业化必然要求从事各项审判业务的法官能够给人以公正的感觉,从而提高法官所做裁判在中国老百姓心中的公信力,以便于实现司法公正。因此,作为法官职业化制度下的法官,必须具备高尚的道德情操,以及具有以服从法律为自己的唯一追求的信念。只有如此,法官职业化制度的其他内容才能够得到实现。也就是说,该项特征也是一个国家法官职业化建设不能缺少的一个重要方面。

(七)法官在处理案件时必须保持中立

法官必须保持中立,对发生在当事人之间的纠纷做出符合社会绝大多数人的公正观的裁判。所谓法官在处理案件时保持中立,是指以下两个方面内容:第一,法官不主动发起对案件的审判活动。对于民事或者行政案件来说,法官必须严格奉行不告不理原则,没有原告提起诉讼启动诉讼程序,不得主动起动审判程序对案件进行审判;对于刑事案件来说,没有自诉人的告诉或者检察机关的提起公诉,法官也不得主动启动刑事案件的审判程序。第二,在审理案件的过程中,一方面,法官不得在言谈举止上表现出自己对一方当事人的亲密或疏远;另一方面,处理案件时,必须严格按照实体法和程序法的规定处理案件。法官要保持中立是西方国家一贯倡导的。法官中立能够提高法官处理案件的公信力。

法官处理的案件还必须符合广大民众的公正观。公平和正义,是人们的追求和向往。但是,什么是公平和正义,不同的人就会有不同的理解和解释,世界上不存在一个绝对同一的关于公平和正义的解释。作为对发生在社会生活中各种各样纠纷进行处理的裁判的人——法官,他对案件的处理结果怎样才能使当事人和社会公众满意,即怎样的处理结果才能使当事人和社会广大民众认为是公正的,这也是一个国家法官职业化建设中的一个重要问题。因为法官职业化的目的就是为了能够实现司法公正,使得老百姓希望司法能够公正的愿望得到实现。对于法官职业化制度下的法官来说,不论他处理的是什么性质的案件,只要处理的结果能够体现一个国家绝大多数人的关于公平和正义的观念就可以了。因为绝对同一的公平和正义的观念是不存在的。该特征也是一个国家法官职业化建设中的一个重要组成部分。

(八)国家必须对法官履行其职责提供切实的保障

一个国家要想进行法官职业化建设,就必须提供给法官切实的保障,即建立完善的法官保障体制。法官保障体制包括尊严保障和经济保障等方面的内容。如果一个法官的尊严得不到保障,社会上高素质的人才是不会到法院当法官的。因此,法官的尊严保障状况如何,对于一个国家进行的法官职业化建设将会起到一定的积极或消极作用的。经济保障也是一个国家法官职业化建设中的一个重要方面。既然法官职业化制度要求法官都是社会中的精英,是受过严格的法律专业训练、有着敏锐的法律分析能力和判断能力的人,是实现司法公正的使者,这就必然要求国家必须对这些人提供优厚的物质待遇,以确保这些人能够留在法官队伍中。否则,如果一个国家的法官物质待遇过低的话,法官职业就失去了吸引力,这不但不能吸引社会上的精英加入法官队伍,有可能还会使原有的法官流失到物质待遇较高的职业中去。我国前几年不少法官辞去法官职务而去当律师的现象就说明了这一点。同时,提高法官的物质待遇,还可以在一定程度上减少司法腐败现象的发生。虽然高薪不能最终能够消除司法腐败现象,但是,它毕竟能够在一定程度上减少司法腐败现象的发生。给法官以切实的保障,是一个国家法官职业化建设的重要方面,是科学化的法官制度的必然要求。如果法官的各方面保障没有得到切实的实现,该国家法官职业化建设就有可能陷于瘫痪。因此,国家必须对法官履行职责提供切实保障,这也是一个国家法官职业化制度中的一个极其重要的特征。

第二节　法官为什么要职业化

一、专门的职业技能

法官的职业技能包括法官的知识,法官审判案件的技巧,法官处理案件的能力等等,但这些归根结底都源于法官的知识,法官的知识对于法官职业技能的提升具有重要的作用。

法律知识是一套专业化程度很高的知识。这种专业化是建立在现代化社会高度分工的基础之上的。法律固然是关于生活世界的知识,但是,这种知识绝不是简单明了的常识,而是一门严谨的科学知识。懂得了生活并不意味着懂得了关于生活的法律规则。其实,法律世界是对我们真实的生活世界加以高度技术性建构而形成的一个抽象的逻辑世界。

法官是把知识转化为解决社会纠纷的行动之人。为此,法官又取得了"社会医生"这一神圣的称谓。因为存在于个人之间或者群体之间的纠纷,已被视为属于社会健康范畴的一个问题。"如果一个纠纷未得到根本解决,那么社会机体上就可能产生溃烂的伤口;如果纠纷是以不适当或不公正的方式解决的,那么社会机体上就留下一个创伤,而且这创伤的增多,又有可能严重危及对令人满意的社会秩序的维护。"[①]

无知会导致错误的行动,产生有害结果,这是不言而喻的。作为"社会医生"的法官,在多大程度上能成为一个合格的"医生"而不是误人的"庸医",不仅取决于他对自己的角色意识的清醒认知,还取决于他是否具备了从事该职业所要求的知识结构。对此,美国的一位学者指出:"要在法律方面做出成绩,一个人必须在基本概念和职业道德方面适合社会需要,有了这个条件,健全的理智会通过职业上的努力

---

① [美]博登海默:《法理学——法哲学及其方法》,华夏出版社1987年版,490页。

发展自身。"①

那么,法官应具备的知识是什么? 显然,完备的法律知识对于法官来说是首要的知识。"完备"二字意味着:法官不仅应掌握基本法律概念的精确含义,理解各种实体规则之间的联系,精通审判程序,而且应准确领会立法的目的、精神和价值取向。我们不能设想一个毫无法律知识的人能做出公正的裁判,正如我们不能设想一个从未受过任何医学训练的人竟会是一位高明的医生。

在法律知识上有缺陷的法官所犯的经常性错误,是法律识别上的错误。在法律识别方面,一个法律素养很高的"熟练型法官",很少会出差错;与此相反,一个法律知识有限的"不熟练型法官"则可能常常在这方面发生错误。没有完备的法律知识,法官往往难以找到适用的法律规范,即使该规范明明白白的存在着。没有精深的法律素养,法官就会常常造成"法律识别上的张冠李戴"。不精通法律,法官不仅易犯法律识别上的错误,而且也难以公平地确定法律责任的大小,甚至常常在程序上就出了差错。这些错误的结果就是司法公正的对立物,即冤假错案的发生。

二、独特的职业伦理

涂尔干有一句名言:团体一旦形成,道德就会自然而然地出现。"法官是一个特殊的阶层,具有特殊的专业技能,需要特殊的职业伦理来匹配。"②法官职业伦理所标识的是一种特殊的伦理类型,这种伦理类型以法官为核心,它所关注的是法官职业的伦理特质、伦理属性,其主旨在于指向并揭示"什么是好的法官制度"、"一个好的法官制度应当是怎样的"、"一个好的法官制度何以可能"。法官职业伦理作为一种特殊的伦理道德类型是以法官美德、法官责任与义务为核心内容而构建的。虽然"道德"和"伦理"在某些专业领域有特别的区分,但就"法官职业伦理"和"法官职业道德"的词语理解而言,却是可以互相等同的。法官职业伦理是以司法伦理自然律为基础,根据法官的专业知识,经过历史演化而形成的行为规范。法官职业伦理伴随着法官制度的产生而产生,发展而发展,其所注重的是法官的社会功效。

"黑格尔把个人与伦理实体的关系,比作偶性与实体的关系。同时,个人与伦理实体的关系,又如自己对自己一样。所以,伦理是普遍性与个体性的结合,是法

---

① [美]约翰·T·小努南:《法官的教育、才智和气质》,载《法学译丛》1989年第2期。

② 孙笑侠:《法律家的技能与伦理》,载《法学研究》2001年第4期。

与福利的结合,是权利与义务的结合。这是黑格尔关于伦理的精髓。"①而法官职业伦理就是法官个人与司法职业实体的结合,当然更是有种权利与义务的结合。司法职业伦理是一种对法官行为有效控制的规范制度,因为,"权力可以披上道德认可的外衣,并被当作善来维护"②。当一个人从事法官职业后,其所有的一切行为就必须符合法官职业伦理的标准。在我国,主要是通过《法官职业道德准则》来建构我国的法官道德要求,包括:忠诚司法、职业素养、自身修养、道德品德、个人品行等。

(一)法官职业伦理是一种关于司法道德情感的理论

在我们的社会,"不同的职业以本行业的伦理道德作为规则,其职业伦理道德共有意识可以增强人与人之间的信任感,在遇到问题的时候人们依照职业伦理道德的行为模式既可以减轻决策的负担,也有利于社会系统的和谐与稳定。一个没有共同伦理的群体,是一个没有凝聚力且缺乏稳定的群体"③。因此,追求和建立和谐的司法秩序乃是法官职业伦理的最终的道德意图和目的所在,我们的司法如果不尊重法官的职业伦理规范就无法有任何进展;或者说,一个缺乏公正的司法对法官职业伦理来说是个威胁。显然,司法清明的一个重要原因就是制度上充分尊重了法官本身的人身和尊严,使法官能担当社会的良心,为法律守护,为社会正义守护。法官职业伦理根本上要解决的是"法官为自己立法",而法官为自己立法的根本目的是为了使司法公正。

法官职业伦理是与法官职业活动密切联系,并具有自身职业特征的道德准则和规范。法官职业伦理的目标是把道德戒律强加给法官,并拘束每一个具有法官资格的人之间的交往行为;同时,法官职业伦理还是一种关于法官道德和司法情感的理论,它旨在建立指导法官的司法道德能力,或确切地说是指导法官的正义感的原则。人们常说,伦理道德内在具有实践品质,而法官的实践品质就与司法伦理的维度具有同一性,以区别于其他普通人。这种司法伦理规则并非来自于法官的理性,而是来自于人的总体本性,从法官的总体上构成的本能结构出发得以实现。因此,我们不能将法官的职业道德看成是一般的道德权利。它不仅仅是一种说教或

---

① 宋希仁:《西方伦理思想史》(第二版),中国人民大学出版社2010年版,第369页。

② [美]莱斯利·里普森:《政治学的重大问题》,刘晓等译,华夏出版社2001年版,第67页。

③ 怀效锋主编:《法官行为与职业伦理》,法律出版社2006年版,第1页。

者教导,它事实上更像是一种法律,是国家约束法官行为准则的一种义务。法官职业规范所产生的强制是基于法官个体实际上从来都不是一个孤立的个体这一事实。职业体中的法官已经把自己安置、包裹到职业体中,以至于不可能脱离这些职业体而自我生存。我们把法官的职业道德作为一种强制性规则,不过是追求公平、公正得以在司法中真正实现的方式而已。"法官职业伦理道德的形成与法官职业的存在密切相关,也是社会政治和经济发展到一定阶段的产物,它标志着一个职业群体独立的意识形态和职业意识的逐步形成。"①

司法道德伦理的目标决定了法官在司法活动中必须遵循一套行为规则,这套行为规则是"约束法官的有感情色彩的价值和规范的综合体"。其具体内容被归纳为:忠实于法律性、公正无私性、刚直不阿性、清正廉洁性、勤勉敬业性、有组织性等。如果失去了这些品质,司法界从伦理上就站不住脚了。因此,也可称之为法官的道德理性。法官的道德理性在法官的生活中起着实践规范性的作用,特别是对于新入职的法官。法官个体的行为特征是在法官职业过程中形成的,属于法官的自为规定,这便是法官的"种本性"。

然而,法官在职业行为过程中无时无刻不受到前辈法官的影响,一名新法官认为老法官的行为模式是正确的,就应该去学着做。如果他觉得某种品格是法官应该有的一种美德,他就应该希望自己身上也具备;反过来,如果这种品格遭到大家的唾弃,他便应该避之而唯恐不及。这种现象便被人们称为"道德观念的实践的心理的效应",将会改变法官自我的行为特征,由此,法官才开始进入其"类本性"。"种本性"与"类本性"是根本不同的:"种本性"是自然自在的规定,"类本性"是人的自为的规定。按照马克思的观点,"一个种的全部特性、种的类特性就在于生命活动的性质",而人的生命活动已经变成人的意志支配对象,因而人就完全超出了种的限定。而目前我们的法官实践中,更多的是我们新入职的法官即使在遇到不良习惯时根本无力去改造,而是不断地被既有的不良习惯所同化。因此,法官职业伦理涉及的是深远而重要的法官实践事务。

法官职业不只是一种公职的安排,并且正是法官的一种基本生活方式;法院不只是一个机构,更是一种法律职业共同体,是一种道德生活。因此,"法官职业道德更多的是关注于道德或伦理准则规范运用到现实的具体问题的学问。这种智慧并非来自专家、学者,而是来自于集体智慧,来自长期实践与共识。这些内容都要通

---

① 怀效锋主编:《法官行为与职业伦理》,法律出版社2006年版,第1页。

过法官的行为规范使管理有章可循。"①

(二)法官依靠职业伦理来表达追求法治的正义使命

毫无疑问,对法官的道德考察比职业能力考核更重要。康德主义者认为,"道德要求的规范来源必须在行为者自身的意志中寻找,特别要基于这一事实:道德法则是行为者自身意志的法则,道德要求是行为者施加给自身的要求。行为者对于自身行动的具有自我意识的反思的能力,赋予我们对自身的权威,正是这种权威给予道德要求以规范性。"②这种道德规范应当构成司法独立的一个要素。"司法人员队伍是不能由其他外在机制来加以控制的,而必须通过司法人员群体的自我约束来加以实现。司法人员作为一个群体,完全具备对职业义务加以思考和研究,并根据民众的期待来加以调整的能力。司法队伍的自我约束机制突出的是司法人员作为一个特殊的社会群体的存在,有利于克服司法队伍内部个人权力过分突出的危险,它加强了一种信念,即法官在法律框架内根据其心灵的判断来作出决定,其所属群体的共同准则也仍然对其行为具有约束性和规范性。"③

法官的职业伦理的思考可以为法官的道德判断提供一个合理的基础,它为法官提供一个理想的生活规则。因此,在法官的生活中,有一种美德,它的概括性规则,以极高的精确度,标明它所要求的每一项外在行为。这美德就是正义。正义历来是法官审判权的道德核心价值,亚里士多德认为,正义是隶属于善的道德品质。西塞罗把正义视为伦理美德,并具有为所有人谋利和为他人服务的道德责任。司法权的专属性要求法官权力运行必须具备正义和伦理正当性。

"构建司法权的正义的规则极为精确,其中没有例外或修正的余地,除了那些可以被限定得像规则本身那样精确的例外与修正,而那些例外与修正通常也的确是和规则一起源自同一组原则。"④因此,法官表达个性的最重要的途径就是自觉地追求正义这样一种价值观或事业,因为正义的规则应该受到最神圣的尊敬。"法官应该追求实现正义。这意味着对法庭当事人的正义以及整个法律制度的正义。正

---

① 怀效锋主编:《法官行为与职业伦理》,法律出版社2006年版,第3页。

② [美]科尔斯戈德:《规范性的来源》,杨顺利译,上海译文出版社2010年版,21页。

③ 怀效锋主编:《法官行为与职业伦理》,法律出版社2006年版,第546页。

④ [英]亚当·斯密:《道德情操论》,谢宗林译,中央编译出版社2010年版,第213页。

义指引着整个解释过程,因为正义实践上是法律制度的一个核心价值。"①在此,我们所关心的是法官应当具有怎样的行为方式实现正义,以及法官制度最能够创造公正的司法情景是什么。

就法官伦理学的基本命题而言,也主要有两个:一是法官是什么? 二是法官应当是什么? 这两个基本命题是独立的,各自在自身的范围内同时并存。"法官是什么"的命题指称的是"事物的本性",即法官"善"的问题,它要求可以为常识直觉地加以辨别的判断来解释。看起来,我们都知道"法官是什么",然而,所谓的"法官"究竟是指法官的心灵还是身体,抑或是心灵和身体的统一? 一个法官的心灵在成熟,知识也在积累,这是不是说"法官"也始终在变化呢? 如果"法官"是变动不居的,"法官"与法官自己有没有同一性呢? 仅就一个"法官"便可以问出一大堆问题来。而"法官应当是什么"的命题指称的是价值判断,即所谓法官的正当性问题,或者说有效性、合法性问题。而从逻辑的角度来讲,从"法官是什么"不可能过渡到"法官应当是什么"。因为这种过渡存在两个不可逾越的逻辑鸿沟:在空间上,我们无法从正当性、有效性、合法性的实际观察到"善"的价值判断的跳跃。在时间上,我们不能完成从过去和现在的经验跳跃到对未来的预测。对"法官应当是什么"问题的回答必须以对"法官是什么"问题的解答为前提,换言之,如果我们连法官的本性是什么都不清楚,遑论法官的职业价值? 这意味着,我们主张法官的"善"优先于"正当"。如果"善"能使法官理性的欲望达到最大的满足,它就构成了司法目的论理论的恰当条件,因为它把司法合理性的观念具体化了。有效性与正当性两者都是法律以及法官的美德所在,但两者又非常不同。显然,"我们这里要谈的不是实然事实和价值判断之间的因果关系,而是实然和价值之间的逻辑关系;不是要宣称,价值评判不是由实然事实引起的,而是要阐明,价值判断不能从实然事实中得以证明。"②

高宣扬说:"在西方社会中,法制体系和法律审判场域始终是统治关系和多种形式的臣服计谋的永恒传动装置。因此,法制,在我看来,不应该从一个固定的正当性的角度去看,而是从促使正当性运作的臣服程序去看。"③我们知道,司法突出的特征就在于:它在审判行为的道德安排中只能借助于"以强制力为后盾"的手段

① [以]巴拉克:《民主国家的法官》,毕洪海译,法律出版社2011年版,第136页。

② [德]拉德布鲁赫:《法哲学》,王朴译,法律出版社2005年版,第9页。

③ 高宣扬:《后现代论》,中国人民大学出版社2005年版,第320页。

进行运作。法官要在两个不同的伦理原则之间做出选择："信念伦理"与"责任伦理"。在此，我们所能坚守的是责任伦理优先于信念伦理；所能给出的范例是法官对于责任伦理的献身，一个受到责任伦理指引的法官会明白，"如此行动，仿佛你的行为的格律会因为你的意志而成为普遍的自然法则"①。在司法过程中法官首先必须考虑其行为的后果，因此，法官的道德能力应该不受曲解地体现在其判断之中。这样，法官在决定哪些判断属于所考虑之列时，可以合理选择其中的一些而排除另一些。例如，法官应该排除那些犹豫不决的判断，或者只抱很少确信的判断，同样，那些在法官迷茫、困惑或上级授意下做出的判断也要弃置一边。所有这些判断都可能是错误的，或者是受到对某团体、阶层利益的过分关注的影响。但此时，法官更多是会感觉到没有什么伦理权威可供选择的难题。此时，法官必须依靠自己的道德判断力，最后尽其所能地争取使法律原则的要求与可能的后果达成一致。但是，从某种角度来看，法官伦理本身依靠的就是一个无法实证的伦理信念。就此而言，法官对法律的信念伦理和责任伦理便不是截然对立的，而是互为补充的，唯有将两者结合在一起，才能成为一名真正的法官，一个能够担当"法治使命"的法官。

（三）法官通过职业伦理完善其独立思考与自主判断

法官是通过指涉互惠对称关系中已经实现了的善德而被赋予伦理意义的。在欧洲中世纪，由于受宗教的影响，法官职业是被其他职业者所"业余"地占据着，他们中很大一部分来源于教士阶层。由于长期养成的依赖于神圣法律的道义职责和责任，这些人将"公众的仆人"的传统观念带入了法官的职业中。所以，中世纪教会的道德哲学是屈从于教会的权威的，把人类的道义职责和责任看作是依赖于神圣法律的东西，是由上帝颁布的法律的结果。而"欧洲的政治和社会组织形式从中世纪向近代的转变过程中，法律职业者起到了十分关键的作用。首先，法律职业者把教会本身变成了一个近代国家的雏形，到中世纪后期，大多数主教包括那些罗马教廷的主教，都成了法律职业者而不是神学家。这些担任神职的法律职业者彻底改变了教会的管理方式，他们使教会法体系成为一套以罗马法为蓝本的系统的、理性化的法律体系，它被认为是近代西方的第一个法律体系。其次，法律职业者们在各国家充当立法者、法官"，于是，法律人将职责和责任具体化的那个理性命令或规则观念引入了法官职业伦理规范之中。在17世纪，职责和责任的概念获得了广泛理

---

① [德]霍利斯：《哲学的初体验》，庄瑾译，北京大学出版社2009年版，第139页。

解,它的一般含义就相当于义务。

职业中的伦理道德属于一种内向性的社会控制制度。人们常常说,外部行为受到法律约束,内部行为受到道德规定约束。因此职业中的伦理道德责任并不属于当代意义上的所有法律职业者,它的适用范围被限定于一个特定区域,在早期它也被称为"贵族责任"。因此,我们对职业伦理道德的思考应该蕴涵于该制度的特定情景当中,只有这样它才会使职业人更容易将自己的行为理性化。"不同的职业以本行业的伦理道德作为行为规则,其职业伦理道德共有意识可以增强人与人之间的信任感,在遇到问题的时候依照职业伦理的行为模式既可以减轻决策的负担,也有利于社会系统的和谐与稳定。一个没有共同伦理的群体,是一个没有凝聚力且缺乏稳定的群体。"①

在笔者看来,职业伦理道德其实就是福柯所谓的规训权力。这种权力是通过司法科学中生存的法律知识而产生出来,为法官职业人士所运用。司法中的规训权力没有中心,其行使于法官职业群中,它具体而细微,把法官自身职业目标设定为权力行使的手段,它建立在规范化和标准化的科学话语基础上。当下,规训权力已经成为我们的职业社会中最普遍而深入的权力形式。将科学化、规范化的规训权力引入法官职业伦理道德范畴是必须的。

"人类道德力是否足够这个问题由那些广为人知的道德感和常识理论根据经验做出了回答。同样的,客观的道德秩序经验应该被演示成我们所知道的道德生活的目的,而这也被看成回答了我们的自然法的责任。道德秩序的实现包括完美到执行那构成了人类生活的各种各样互补的角色或职责,就是与权利相对应的义务。"②一般而言,"道德责任仅在个体创造自我的意义上存在。如果我选择接受我所属的社会的标准,它们就成为我自己的标准;但如果为拒绝接受,我也不能因此受到谴责。"③这样,作为一般的社会个体,他的行为只受到法律的规制,而法律作为道德底线不会干预道德原则,比如对于一般的诚实、信用等道德要求法律是无能为力的。法律和道德之间有差距,这是一个古老的故事。但是,法律职业伦理既非某种纯粹的特殊规则或者角色定位,也并非一种个人化的道德,而是与法律的正义服

---

① 怀效锋主编:《法官行为与职业伦理》,法律出版社2006年版,第1页。

② [丹]哈孔森:《自然法与道德哲学——从格老秀斯到苏格兰启蒙运动》,马庆、刘科译,浙江大学出版社2010年版,第6页。

③ [德]霍利斯:《哲学的初体验》,庄瑾译,北京大学出版社2009年版,第133页。

务功能有着密切关系并为其所必须。法律职业伦理的根本目的在于促进现实正义的事业。在诉讼中人们呼唤的是正义,他们所获得的,他们确实能够在法律传统中得到的唯一东西就是法律。因此,在法律世界中,法官是社会的一部分,社会各种流行的知识倾向必然会影响法官;同时,法官的权力运用也对社会有很大的影响。因此,法官必须遵守职业共同体为其所设定的职业伦理规范,绝不能以法律没有规定而拒绝遵守。职业伦理道德本质上所起的作用是制约法官的冲动。

其实,任一规范都只是人类生活中的权宜之计,尽管在事实上规范是必需的,但在价值上却不值得尊重。某些司法不公的行为之所以不可取,表面上是因为这种行为违反了职业伦理规范,但在实质上却是在于它是人性丑恶的表现。显而易见,这里的问题重心是人性,而不是职业伦理规范。因为人性与正义具有相等的义务,它们对社会有着同样的必要性;而且,正义以人性为前提,人性是动机的必要原因和限制。法官应该是最具有人性的人,他是最不会在正义的规则中推敲琢磨、寻隙闪躲的人,是坚定固执的遵照正义的规则本身行事的人,因此法官才是最值得钦佩、最可以信赖的人。“各种职业的社会学家已经展示了来自科学知识的职业特权是如何使得其决定合法化的,而在这种决定中,科学判断悄悄流变为规范判断。”由此为认为,司法伦理规范必须服务于法官审判的规范要求,必须经常依照司法审判的规范要求对司法伦理规范进行修正,或者说,必须依照卓越人性去修正,这样才具有合法性。

（四）法官依照职业伦理引领司法规范运行

我们除了评判法官世界的是是非非之外,还要用“德行”去揭示这种评判。《法官职业道德基本准则》对法官职业伦理的基本要求是:“忠诚司法事业”、“保证司法公正”、“确保司法廉洁”、“坚持司法为民”、“维护司法形象”。社会需要公正,而公正的司法又有赖于法官的德行。因此,法官的德行是其司法行为的基础之一,当然,我们不能把法官的德行当作理所当然的存在;相反,德行是脆弱的东西,很容易受到诸如金钱、名誉、财富这些东西的腐败与侵蚀。对法官丧失德行的担忧是法官领域经久不衰的主题。因此,制定法官职业伦理规范的目的是向民众展示法官的“美德”。社会上,法官是占据公职的人,或者说,是那些景况较好的,能在社会体制内部接近社会公平目标的人。这样,就有了“贵人行为理应高尚”的另一种意义:即,那些较有特权的人们将负担起他们更紧密束缚于一种正义制度的职责。

因此,理想中的法官不仅是对社会有用的人,还应是个品德高尚的人。司法职业伦理的教育必须在法学基础教育中更进一步加强其哲学的内涵。当然,这不仅仅是简单的哲学课时的增加,最主要的是设立符合社会需求的法官伦理课程,我们要培养出既有人格完美又具备相当职业伦理修养的司法职业从业者。我们说,一个好的法官职业环境与好的职业伦理规范往往是一致的,但好的职业伦理规范只是好的法官执业的必要条件,却不是法官执业的目的,相反,好的法官执业环境必定是好的职业伦理规范的目的。拉丁法谚有云:"法律是善良与公平的艺术。"基于此,人们依据良知构建了法官的职业伦理。因此,法治社会离不开法官的美德与良知精神。首先,即使是再好的法治也需要由法官去承担司法的责任,而法官必须根据他们的良知继续前进。其次,法官的美德与良知精神可以为法治社会提供坚实的精神基础。这种无形的精神基础甚至较之有形的东西更为深刻。虽然我们已经大体上说清楚了法官职业伦理中道德法则可能要求的所有东西,对此亦没有多大疑问,如果它们发生冲突,道德法则是更高的,首先应该得到遵从。当然,只有当我们把所有那些当我们谈到良知时记在心里的现象视为当然时,这种主张才有意义。

由此可见,职业道德伦理会使法官更容易将自己的行为理性化。职业伦理道德属于一种高于一般标准的独立、正直、尽忠职守及个人行为的目标要求。就此而言,法官职业伦理的要求往往是善良的建议,这既是引导法官行为的规范,又是确保公众对法官根据法律进行公平正义审判能力的信任。

三、高度的职业自治

在职业主义论者看来,法官职业不是一般的工作,而是需要经过更严格的训练,有很高程度的知识训练和专业素质才能胜任的工作。因此,将通晓法律的人士聚集在一起创立一种职业性的法律专家群体等,是西方社会的一个显著的传统。法官"职业制度化不是法律系统存在的一个条件,但却是决定其发展水平的重要标准"。①

(一)职业化能够促进法官专业化的发展

由于人们对法律服务的种种需求,只能通过专门化的活动体系而得到满足。

---

① [比]马克·范·胡克:《法律的沟通之维》,孙国东译,法律出版社2008年版,第241页。

因此,每一个专家群体越来越紧密地组成一个专门行业。在西方社会,法官被认为是从事着掌管司法审判的工作,他们是受天职的召唤而来,行使主权者所赋予的审判权,他们是奉神的旨意的使徒。因此,法官的职业与其他一般职业相比,具有许多特殊的要求。比如法官在任职之前必须宣誓。法官作为正义的代言人,必须保证:正义要借法律而实现。而不能仅仅将法官作为一个追求面包、名誉和地位的工作。在欧洲早期职业主义看来,职业应该具有以下三个主要特征:一是建基于深奥理论基础上的专业技术,以区别于仅满足实用技巧的工匠型专业。二是以公众服务为宗旨,其活动有别于追逐私利的商业或营业。尽管自由职业跟其他行业一样需要经济收入,甚至需要较高收入,但是高收入不是首要目的而是附带结果,它最根本的价值是为公众服务的精神。三是形成某种具有资格认定、纪律惩戒和身份保障等一套规章制度的自治性团体,以区别于一般的行业。用一句话来概括,与一般的行业相比,职业的主要特征在于:专业性、公共性和自治性。

"充分发达的法律系统包括三种类型的法律职业:职业化的法律制定者、司法的专职人员和专于法律学说的专职人员。"[①]西方法官职业群体对近代西方社会的制度发展起到了非常重要的作用。其政治及法律意义主要体现在:一是法官成为社会公认的有权力最终解决社会纷争的角色;二是法官能够满足社会为控制秩序需要而被设定为特定角色,如公平、正义等。由于发展道路不同,西方法官制度在发展过程中逐渐形成了大陆法系和英美法系这两种主要模式:一种是以英国和美国为代表的职业化的法官,他们从高级律师中遴选,被认为是一种侧面进入的法官;他们是由全国最优秀的律师所组成,起点差别微小,但却有着同样的思维和追求。另一种是以法国和德国为代表的职业制的法官,职业制法官就总体而言属于国家官僚体系,也被称为是"编在官僚机构中的专司审判之职的官员",其突出的是法律式教育背景,他们走的大致是高中、大学本科,经司法考试进入法院,基本上是一辈子在法院官僚体系中一级级晋升,社会地位较低;缺乏社会经验、政治经验。他们的选拔与晋升在考虑职业水平的同时还受着其他非职业化因素的影响。

在庞德看来,"职业"这一术语主要还是指,一群在为公众服务的职业精神主要是为了区别于追逐私利的商业或营业精神。而所谓技艺,是指法官在其执业过程中,必须通过培训而掌握大量的专门法律知识以便确保他们能够胜任社会上独立的审判技艺,以从容应对和化解社会纠纷,维护社会的公平与正义。因此,法官职

---

① [比]马克·范·胡克:《法律的沟通之维》,孙国东译,法律出版社2008年版,第241页。

业是以高度的专业性知识作为背景的,而这种知识必须经过长期的规范化训练,一般外行人无法掌握,而是由一代又一代法律人所自身积累的。法律知识是跨越每一个法官生命长度的知识。

职业体现了建立在专门技术基础上的能力。现代法官作为一种专门化的职业,其职业能力标准一般是从社会视角对法官需要较高专业法律技能并能够承担公共利益的行当的界定,因此,法官职业的专门化包含两个方面的规定性:其一,法官所从事的工作必然是经过分类而具有专门性,并且只有符合任职条件的人才能胜任;其二,法官职业能够为法官提供必要以至充分的包括报酬、地位等条件。①而我们必须强调的是,"职能上的专门化本身不应该与独立性相混淆。许多受到高度控制的、等级化的组织包括高度专业化的附从部分。举例来说,军队中的炮兵和工程兵在职能上是专业化的,但仍然严格的从属于他的上级指挥官。职能上的专业化对独立性来说不是一个充分的,甚至也许不是一个必要条件。但是它易于导致对这种独立性的误解。"②

(二)职业化体现法官自治性发展的需求

法官职业的专业化是法律复杂化造成的后果:法律的高度抽象和概括性决定了法律适用的复杂性与专业性,以至于只有那些终身致力于法律实务的人员才能处理法律事务。它要求从事法律职业的专业人员不仅要准确理解法律原则的含义、具备良好的职业训练和专业能力,对特定的社会纠纷的分析能力以保证法律在解决具体社会冲突中的运用。同时,法官职业的专业化体现了法律自治性发展的有趣线索:法律机构按照权力分享的需要,充分完成法律创制、法律操作和法律实现的需要结果,这其中还隐含着社会对法官职业、法官个人品质的特殊要求。法律自治性的扩张与法官职业阶层自治性增强紧密相连。其实,在任何职业活动中,良好的职业技能始终是个体获得权威的一个重要途径。专业性作为社会对掌控司法权的司法机关的理性要求,这在全世界所有国家都被认为是理所当然的。

---

① 章武生等:《司法公正的路径选择:从体制到程序》,中国法制出版社2010年版,第112页。

② [美]马丁·夏皮罗:《法院:比较法上和政治学上的分析》,张生、李彤译,中国政法大学出版社2005年版,第93页。

由于法律知识使得法官构成知识分子中的特权阶层，因此，法官不仅需要具有法律素养，而且还要有对人文状况的了解和经历；法官必须善于聆听，虚怀若谷，得出并以坚强意志坚持公平结论。所有这些都要求法官具有极高的素质，而这些只有坚持很高的职业标准的法官才可以做得到。虽然这其中有些标准可以由法律加以规定，但是，法官职业所要求的为民众服务的精神和审判质量都极大的依赖于法官是否遵守其职业道德标准。这些道德标准比法律标准还要严格，这些职业伦理并非从戒律中学来，而是通过实例以及受人尊重的同辈人的影响而学来的。可以说，司法伦理标准是通过职业渗透而达到的，由他们潜意识加以执行。

在法治社会中，法官拥有知识和权力上的独立是非常重要的，因为只有真正读懂法治的法官，才能在一定的法律范畴内公正无私的履行其司法职责，这样的社会才能够得以公平的恰当的运行。我们常说，"法学家能够建立法学，但却不能建立法制。激活一个国家法律的力量，引导民众对法律的信心，推动一个国家依法办事制度的形成和民主法治精神、正义观念的确立，法院比其他任何机关，法官比其他任何法律人都承担着非常重要和艰巨的任务。所以没有法官的支撑，法治大厦的建立是不可想象的。"[①]

法官是法律职业群体中最活跃的主体，人们对法官的尊重体现的是对法律知识的尊重。"法官站立在法律职业的顶端，代表了人们向往的典范和最高成就。这一职业中的人们提出的主张，它的意识形态和核心自我认同是：法律是客观、独立和特殊的，具有自身的整体性，与政治杂乱无章相隔离，是社会秩序的维护者"，[②]法官既是法律机制得以运转的运作者，又是法律功能得以实现的承担者。丹尼·韦伯斯特有一句名言，那就是："世界上没有一种职业能够比学识渊博公平正直的法官职业更崇高和纯净，它给人的感觉好比天堂中洒落的滴滴雨露，纯净而透明，无可挑剔。"古希腊有句法谚叫"法官、检察官的操守如同皇后的贞操，不容怀疑"。人们为什么要把法官、检察官的操守与皇后的贞操联系在一起呢？这是因为司法是社会正义的最后一道防线，所以只有法官、检察官在操守上洁白无瑕，无可挑剔，才能让社会和当事人信仰司法。法官的优越感使得他们在执业的过程中不断提醒自

---

① 田成有：《法律社会学的学理与运用》，中国检察出版社2002年版，第184页。

② [美]塔玛纳哈：《论法治——历史、政治和理论》，李桂林译，武汉大学出版社2010年版，第157页。

己:自己是一门尚未普及而又不可缺少的科学大师,经常充当公民间的仲裁人;而卓有成效地引导诉讼各方盲目激情的习惯,又使他们对于公众的判断怀有一种蔑视。不仅如此,他们还自然地形成一个团体,不是基于相互了解或者共同奋斗的协议,而是基于他们相同的专业和一致的方法,就像共同的利益可以凝聚他们的努力一样。①

---

① [美]博西格诺等:《法律之门》,邓子滨译,华夏出版社2007年版,第447页。

第三节 法官职业化的基本内涵

一、同质的知识结构

在探索法治的道路上,法律职业者必须形成一个强有力的共同体,维系这个共同体的不再是血缘或地缘关系,而是一条无形的纽带——同质性。法律作为一种高度专门的知识,是对现实的生活世界加以抽象而形成的一套规则体系,它高度凝练、极度浓缩,有自己专门的概念、术语、范畴,有自己独特的逻辑和表达方式,无论是作为学识还是作为职业技巧,操作法律的人、赋予法律的生命的人,必须经过专门的训练,掌握法律的话语方式、思维逻辑、分析技巧、解释方法,这样,经过大致相同的专业化培训的法律人,必然具备了知识结构方面的同质性。

除此之外,由于法律本身不是一门自足的学问,它的发展与众多的文学学科、自然学科的进步息息相关,从立法到司法的各个环节,也并非与社会绝缘,相反,法律永远与社会处于互动之中。因此,法律人还应涉猎广泛,他应该熟悉本国历史,这样才能理解本国法律制度的演变;他应该懂经济,这样才能用他对法律与经济关系的认识,试着用法律手段解决经济问题;他应该接受哲学训练,能对法律进行深层次的理论反思与构想;他应该眼界开阔,关注世界文明,接受先进文化……总之,法律人应是知识与技巧的综合体。[①]一位美国律师曾说:一个只懂法律的人,只是一个十足的傻汉而已。一个法律工匠,若他只知道审判程序之程规和精通实在法的专门规则,那他只是一架专门机器,绝不是法律人。[②]因此,法官职业化的前提是法官作为职业群体必须具有同质的知识结构。

[①] 马新福、问海燕:《论法律人的养成》,载《吉林大学社会科学学报》2002年第4期,第108页。

[②] [美]博登海默:《法理学:法律哲学与法律方法》,邓正来译,中国政法大学出版社1999年版,第507页。

同质的知识结构是指法官职业群体的构成基本单位,法官应经同样的系统的法律专业知识学习并掌握同一的法律思维方式和从事司法审判工作需要的专业思维。主要体现在法官有相当的法学理论素养,具有深厚的法律专业知识和特定的思维方式。法官的审判活动无一例外地要经历"获得案件事实,择取法律规范,解释法律规范,对法律规范及案件事实的价值和逻辑关系进行内心确信,形成判决"的思维推理过程。这种无限往复的逻辑实证过程会外化为一种定向的思维习惯,成为法官职业化的一个突出特征。法官的专业化对于司法公正有着最直接的作用。因为,一个没有深厚的法学理论功底的法官很难对法律的适用做出合理的解释和论证;一个不具有娴熟的法律专业知识和专业思维方式的法官很难高效率地处理案件;一个没有养成良好的定向思维的法官很难做出客观公正的判断和裁决。[1]

法律是理性的化身,它从纷繁复杂的社会生活中以抽象的方式上升为一种制度,又以其特有的、独特的具体方式运用于整个社会生活的方方面面,它的表现形式、思维逻辑、价值理念与诉求都是特殊的。法治理想同现实世界在一定程度上是分离的,虽然它来源于社会。作为执行法律,掌握生杀予夺大权的法官,必须要了解法律专业知识的思维逻辑与规则,学会用法律思维。这种思维的获取,远比把法律作为一种知识进行掌握重要得多。此外,法律不是万能的,就一定意义而言,它只是对现在的和过去的生活与事实的提炼,而不能对明天与将来做出准确的估计与预测。对未来社会状况进行精准的阐述,这是历史上任何一位法学家穷其所想都不能做到的事,因此,法律有时是滞后的,在彰显其效力之际,有时也会成为"弱势群体",这是由法律的本质所决定的。作为法律职业者,法官在法律不能网尽一切行为规则,即法律规则不能运用于部分案件的时候,法律的这种天然局限性必然要求法官运用已养成的法律思维进行法律的解释,以期在解决问题的同时维护法律的尊严与权威,这是法官的使命与职责所在。因此,法官作为职业群体在有共同的知识结构支撑的基础上,研习训练并掌握共同的法律逻辑思维是必须的。

二、必要的司法实践

如同一台高速运转的机器,司法职业从产生开始就在社会生活中时时刻刻处

---

① 吕忠梅:《职业化视野下的法官特质研究》,载《中国法学》2003年第6期,第7页。

处发挥着作用,具有高度的实践性。因此,不少发达国家都把具有司法实践经历作为选任法官的一项重要标准,一般都设置了大学法学专业毕业之后,担任司法职业者之前的专门培训机构,如法国的国家司法学院,日本的司法研修所等。

以美国为例,美国法官的必备条件之一就是要有司法经验,候选法官是否有司法经验(指在法院工作或执法的经验),虽没有立法的明确规定,但国会议员建议制定法规,要求候选法官应在下级法院工作到5年或5年以上。在德国,成为法官,要在第一次司法考试之后进行长达两年的司法实习,实习期满后要参加第2次国家司法考试,通过者成为法学毕业生,将来才有资格成为法官;而要被任命为终身法官,必须在取得法官任用资格后至少从事审判工作3年。在以司法考试的内容和训练的难度大、要求严而著称的日本,要成为法官,经过司法考试的合格者还要进入司法研修所接受培训,进修结业前,还要进行一次毕业考试,考试合格并获得法院任职资格者,才能被分配到全国各地的地方法院做法官助理(每年大约100人左右)。助理法官只能陪审,不能主审或独立审理案件。除了具备以上最基本的条件外,作为各级法院法官仍需具有一些特定的资格。如最高法院的候选法官必须是:学习优异,经验丰富且年满40岁以上者;任职20年以上的高等法院院长,监察厅厅长、大律师、著名教授和高级行政官员。简易法院管辖的虽是简单的民事案件,但初任法官仍需经过司法实习后担任助理法官、检察官、律师、法院调查官和其他有关规定的职务总计3年以上,或者曾担任大学教授、副教授3年以上等。[①]从上述国家的规定来看,必要的司法实践经历是成为职业法官的必备条件,是必经之径。

三、正义的品格

法律人来自世俗世界,但他们又是精神贵族。他们熟悉一个社会的道德规范,又必须具备一种高于普通的道德准则的精神、价值追求。在谈到法官职业化时,业内业外人士的一致认识是法官职业群体应具有相同的价值取向,共同的价值理念和价值追求,但对价值追求的具体内容却鲜有详尽的阐述。从业多年的经历告诉笔者,法官作为行使裁判权的专门性职业群体,应以正义的品格为价值追求。正如美国当代思想家罗尔斯在《正义论》中所说:正义是社会制度的首要价值,正像真理

---

① 王盼、程政举等:《审判独立与司法公正》,中国人民公安大学出版社2002年第1版,第336页。

是思想体系的首要价值一样。一种理论，无论它是多么精致和简洁，只要它不真实，就必须加以拒绝或修正，同时，某些法律和制度，不管它们如何有效率和条理，只要它们不正义，就必须加以改造或废除。在一个正义的社会里，平等的公民自由是确定不移的，正义所保障的权利决不受制于政治的交易或社会利益的权衡。作为一类活动的首要价值，真理和正义是绝不妥协的。把罗尔斯的观点引入法官职业，同样适用。

正义就是法官的价值追求，而正义的品格既是追求正义的承载者，也是正义赖以实施的保障和灵魂所在。正义是人类法律制度的基本价值，是法律本身的应有义务，通过法律体现正义既是千百年来人们亘古不变的追求，也是每一个法官应恪守的道德要求，因为法院是社会正义的最后一道防线，通过裁判伸张正义实现公正是法官肩负的不容受到任何干涉、玷污的使命，是非颠倒、善恶不分，将会使法官的形象与地位、法律的权威与尊严面临毁灭性的灾难。

作为社会纠纷的终局裁判者，法官对正义的忠诚、驾驭与否关系到整个社会乃至社会基础的稳定。糊涂、昏庸的法官会让人们痛心地退回到过去的野蛮、黑暗之中，而睿智、正直的法官则使人们为将到的明天抱以阳光般的期待。因此，职业法官必须要把正义的品格作为个人职业操守与修养的第一要素，在司法裁判中，以对正义的忠贞不二的无限忠诚，来公平、公正地对利益冲突进行判决，小心翼翼且真真正正地维护实体正义和程序正义，通过程序正义彰显法律的公平，通过实体正义彰显法官的公正，从而将正义外化于每一个具体的案件中，并达到外化于人的、外化于社会的效果，以外界看得见、摸得着的形式实现正义，彰显正义，在法官成为公众认识的正义的象征和良知的守护神之后，使正义的阳光撒满社会的每一个角落。

四、中立的裁判

中立的裁判是由司法权的性质和特征所决定的，是法治国家的重要标志，也是对职业法官的准确的角色定位。中立性在司法活动中表现为，法官相对于控辩双方的行为和活动，没有明显的倾向性行为；在适用法律的立场上中立，在裁判过程中仅凭自己的良知和正义，只受法律规则和原则的支配。而不受其他任何形式、因素的支配。所谓"中立是裁判的生命"，即使要求法院查明客观真实而赋予法院不受当事人权利限制和制约即做出裁判的权力,亦会使整个诉讼结构向权力倾斜。[①]说的就是这个道理。这表明了法官在个案审理结束之前不得带有任何先入为主的偏见和足以影响案件证据的认定并据此做出不公正判决。

以个案为例,法官应自该案的受理至结案的整个诉讼过程中始终处于中立的地位,不偏不倚,平等地对待诉讼双方,游离于双方讼争的利益之外,以公正地行使裁判权。因为司法活动最神圣的目的在于追求和彰显正义,"公正必须来源于信任,而当正直人认为法官偏袒时,信任即遭到破坏。"对于法官来说:"不仅要主持正义,而且要人们明确无误地、毫无怀疑地看到是在主持正义,这一点不仅是重要的,而且是极为重要的。"[②]这一点,从我国法官的着装就可见一斑,无论是过去头顶国徽、肩扛天平,还是现在的胸佩国徽、佩有天平,都宣示着相同的要求,即保持"一碗水端平"式的中立。唯此,矛盾与纠纷才能得到公正的解决,才能维护社会结构的平衡和稳定状态。因此,中立的裁判既是实现司法公正的必然要求,也是实现司法公正的前提和基础。反之,如果法官过分热心于追求事实真相,或者过分地介入到证据的提出和调查之中,或戴着有色眼镜去看当事人,就会失去其中立、冷静、客观的裁判者形象,以至于产生对当事人不利的偏见、预断。

法官中立不仅意味着从态度、言辞上保持对讼争双方的一视同仁,而且更意味着在认证和适用法律等方面做到不亲不疏,居中裁判。从古罗马和中世纪"任何人不得在涉及自己的案件中担任法官"和"必须听取双方当事人的陈述"以及中国古代司法"两造具备,师听五辞",到现代《世界人权宣言》第10条、《公民权利和政治权利国际公约》第14条均规定了人人有权有一个独立而"无偏倚"的法庭进行公正与公开的审判,这些都说明中立的裁判自古以来就是司法裁判活动的前提和要求。在英美法系国家,裁判者包括陪审团的中立性是正当程序的基本要求之一;我国的诉讼制度当中有关"回避"的规定,也是保持中立的体现。最高人民法院发布的《法官职业道德基本准则》,明确要求法官"审理案件要保持中立"。由此可见,作为主持审判、听讼断狱的法官,居中而断,中立裁判,是实现司法公正的最佳选择,既是诉讼规律的客观反映,也是当事人的自然要求,不但有利于体现程序公正,也有助于达到实体公正,有利于取得当事人的信任,使其息诉服判,树立法官公正执

---

① 白绿铉:《我国民诉制度改革与比较民诉法研究——谈比较民诉法的研究体会》,载《法学评论》1999年第5期,第81页。

② [英]丹宁著:《法律的训诫》,刘庸安等译,法律出版社1999年第1版,第98页。

法的高大形象。

五、独立的保障

"如果司法过程可以避开行政机构或其他当政者的摆布,一切现代化的法律制度都不能实现它的法定职能,也无法促进所期望的必要的安全与稳定。"①独立是司法固有的属性,没有独立的司法就没有法治,这一点并不因意识形态和政权理论的不同而有任何变通,除非是放弃民主与法治的专制政权,无论是信仰共产主义的古巴,种族隔离时期的南非还是对西方自由民主理论提出挑战并坚持亚洲价值标准的新加坡,司法独立都是其遵循的原则,法官的职业责任同西方国家一样严肃。作为司法独立的最终承载体,法官独立是法治国家的法律至上精神的必然延伸,是实现司法的公平与正义,维护社会秩序稳定的基本前提,保证法官的独立性,才能树立起法官的权威,从而彰显法律的威严。

正因如此,纵观世界各国,凡是采取司法独立原则的国家都把保障法官的独立地位作为其制度的核心和基石。据对世界142部成文宪法的统计,有105部宪法规定了司法独立或法官独立,占73.9%。早在世界第一部成文宪法即美国宪法中,就为法官独立行使职权建立了实际的保证,如法官的终身制,法官的薪金在任期内不得减少等规定。而那些采用不成文宪法的国家,如英国,法官独立也早已成为有约束力的宪法惯例。《德意志联邦共和国基本法》第97条规定:"法官具有独立性,只服从宪法和法律。"日本国宪法第76条也规定:"所有法官依良心独立行使职权,只受本宪法和法律的拘束。"②

保障法官独立是法官制度的核心,主要体现在法官的资格、任命、任期、薪俸、免职、惩戒、退休等各个方面,其中最为重要的即为经济和身份保障。生存是人作为动物的本能需要。要生存就要有所依,只有给予法官相应的薪金报酬,才能使其安心生活,踏实工作,并减少贿赂和营私舞弊,而实行高薪制,以薪养廉是职业法官的应有待遇。如英国的大法官年俸与首相一样。在日本,最高法院院长的薪俸与

---

① [英]米勒、波格丹诺著:《布莱克维尔政治学百科全书》,中国问题研究所等组织译,邓正来主编,中国政法大学出版社1992年版,第774页。

② 王德志:《西方国家对法官独立的保障》,载《山东大学学报(哲学社会科学版)》1999年第4期,第81页。

总理大臣相同,其他十四位最高法院法官则与国务大臣相同。美国联邦最高法院首席法官的年俸与副总统相同。法官除享有薪金外,还享有其他津贴,并且,法官的出差费用不受限制,实报实销。此外,还要使法官的薪俸固定,立法机关有权按照情况的变化改变法官的薪俸,但这种改变不得导致法官薪俸的减少。①

身份保障是法官独立行使职权的关键保障,也是职业法官区别于非职业法官的重要标志,即强调法官职务的不可侵犯性。例如,《德意志联邦共和国基本法》第97条规定:"正式法官在正常情况下,于任期届满前不得强迫将其撤职、免职(永久或临时性的)、调职或退休,除非由于某一原因并用特定方式依法处理之。"日本法院法第48条也规定:"法官除受正式弹劾和依据有关法律接受国民审查以及依据其它法律规定因身心故障经裁决决定不能执行其职务外,不能违背其本人意愿予以免职、转任、调动、停职以及减薪。"

正是因为有了高度的职业安全保障,美国联邦最高法院的法官们,才有了判决全国产业复兴法、农业调整法、证券和交易所法等十多种立法违宪的胆量和勇气。因为法官独立的观念和价值已深入人心,所以,当罗斯福总统提出了危及法官独立的最高法院改组计划时,才遭到朝野的一致反对。参议院司法委员会在否决总统计划的报告中指出:我们宁愿保持一个独立和无所畏惧的法院,和一个对于维护人民自由敢于宣布它的诚实意见的法院,而不要一个心怀恐惧,或对任命权感恩图报,或屈服于派系的感情冲动,和对立法毫无异议的概予认可的法院。②第二次世界大战后的日本,也正是因为确立了以最高法院为首的独立自主的司法体制,法官的独立得到宪法上的保障,杉木良吉法官才敢于在1968年判决限制游行示威的《东京公安条例》违宪,1970年又判决对家永三郎历史教科书的文部省检定行为违宪,才产生了宣布美国军队驻守日本违宪的"伊达判决"和宣布日本自卫队的存在违宪的"福岛判决"。③综上所述,独立的保障是法官职业化的标志与要求。

---

① 王德志:《西方国家对法官独立的保障》,载《山东大学学报(哲学社会科学版)》1999年第4期,第83页。

② 李昌道编著:《美国宪法史稿》,法律出版社1986年版,第268页。

③ 龚刃韧:《现代日本司法透视》,世界知识出版社1983年版,第24页。

第四章　中国法官发展的机遇与挑战

第一节　当代中国法官与司法改革的博弈关系

一、中国法官在社会中的角色与担当

人们对法院和法治、司法各个运动的兴趣日益增加的一个重要因素是它的全球延伸。司法要对社会产生影响，一方面要有一个反思的中心，在这个中心里，司法通过自我理解而形成了自己的认知；另一方面要有一个指导中心，它作为整体的一部分要能对整体施加影响。那么现代司法能否满足这样的责任呢？这就涉及责任的承担问题。说到责任的承担就涉及主体性问题。在黑格尔看来，主体性乃是现代的原则。他认为，"现代世界的原则就是主体性的自由，也就是说，精神总体性中关键的方方面面都应该得到充分的发挥。"①根据这个原则，黑格尔同时阐明了现代世界的优越性及危机之所在，即这是一个进步与异化精神共存的世界，因此，有关现代化的探讨即已包含着对现代的批评。

在西方近代史上，贯彻主体性原则的主要事件是宗教改革、启蒙运动和法国大革命。也就是说，主体原则在很大程度上确立了现代文化的形态：揭开了自然的面纱又解放了认知主体的客观科学。而我们的国家是一个世俗化的社会，"在这样的社会中，规范秩序必须在没有元社会保障下加以辩护。即使是生活世界的确定性，

---

① [德]哈贝马斯：《在事实与规范之间》，童世骏译，生活·读书·新知三联书店2003年版，第17页。

它不管怎么样是在发生着多元化、在越来越分化,也无法为这种缺失提供足够补偿。所以,社会整合的负担越来越多的推卸给行动者,对这些行动者来说,有效性和事实性,也就具有合理推动力的信念和外部制裁的强制这双重力量。"①问题是,以什么来整合现代中国多元化的社会? 在某些领域,社会迫切需要有人担当起原来由一个政党担当的社会核心价值的创造者、维护者的角色。

自"二战"以后,西方社会的司法担当了保障个人权利和反对政府侵犯的首要角色。特别是今天"司法已将它的行为控制域扩展到了几乎所有的人类行为和行为主体,在这方面,即使是目前最为庞大的行政机构及功能也不能与司法比拟,因为行政角色和机构的行为在大多数民主的国家中也是要受司法控制的"。②可见,我们不能把法官看作一般意义上的专业人士。现代法官的特征不仅在于他的法律知识专业化水准,而且其还担负着民众的社会期望。在法官的审判活动中,虽然依法裁判是其最直接、最主要的功能,但绝不是唯一的功能,因为他们还担负着一种更为重要的对社会核心价值的深刻关注,他们还承担着如哈特所言的"理性之声"的责任。法官是寻求提供法律标准和维护有一般象征意义的社会角色,他们认为自己是公平、正义和真理的看护人,法律的保护人和司法程序的保护人,是常常在市场与权力场所遭到忽视的道德标准的谨慎的保护人。因为,没有别的什么社会群体,有那么强的社会政治权威;没有什么别的人,像法官那样受到社会与大众那么密切的关注。所以,只有法官可以担负起这样的双重责任。

在已经完成现代化的西方发达国家里,法官在一个完全独立的法律权威语境中,他们安逸的经济生活有较充足的保障,稳固的政治生活不需要依靠任何党派,因为他们觉得一个法官拥有的政治与道德的信念不可避免地会影响他的司法判决。法官颁布司法判决不是机械地为统治阶级说话,相反,他们可以有体现自身价值观的声音,这种声音有时甚至担当着历史决定性的意义。这中间,其实暗示着一种法官独立与自主性的科学观和法律观,这是现代司法发展新模式的基本组成部分,是善治的基础。法官独立和自主性是一种法的认识论和法的理论及分析过程。因为法律除了是一种社会意识形态、一种制度体制,还是一种司法活动、一种

---

① [德]哈贝马斯:《在事实与规范之间》,童世骏译,生活·读书·新知三联书店2003年版,第31页。

② 程竹汝:《社会控制:关于司法与社会最一般关系的理论分析》,载《文史哲》2003年第5期。

法律文化和一种法律方法。所有这些都表现出,如果没有一个良好的法律制度框架,没有一个独立而公正的司法部门,法官的认识就会发生实践上的偏差,司法制度就会面临坍塌的危险。

但是,在强大的政治社会中,我们的法律理论、所有的结构性时间、空间系列都被过于政治化。如法官人才上的仕学不分。在大多数法官的意识中,参与政治是作为一种荣誉来看待的,而不是仅仅为了谋求自身的利益。其实,司法界应该是一种精英统治形式,但不是政治精英,而是法律精英。在政治关系中政治利益总是难以消除的,而司法所要求的是与社会公共利益相关联的整体性"正义",而不是集团的"利益"问题。法院的灵魂应该掌握在法学界的领军人物、一流的学者身上,他们是具有帮助国家实现公平正义目标的法官,这同样也是法官自主性的应然表现。可是,我国在培养和使用司法人才上,有一个巨大的误区:仕学不分。就是说,政府习惯于让那些在业务上拔尖的人出任官员,而整个法院也是以是否有行政职务来衡量法官的身份和地位的重要标志。司法严重地被行政化。由此,有人提出,要通过国家和市民社会而实现法的去行政化。而这样的提法的确有些"天方夜谭"。就目前的形势来看,法官要能够在司法事务中不依靠政治权威,自信妥善地使用他自己的法律知识,还差得很远。司法要从强大的政治权力中脱身而出,国家必须达到更高的社会化程度。英国学者桑托斯在《迈向新法律常识》一书中认为,"将法归于国家这种独特的政治姿态,是法去行政化的条件。这对法的所有现代性理论都是真实的。包括那些在现代性范式内部被视为彼此相对立的理论。比如哈特的软实证主义和德沃金的法作为整体性的观点,他们都旨在将法与政治相隔离。"

就我国的整个司法权力结构和审判活动的中心而言,"仍陷于将法作为国家法以及将政治作为国家政治的化约主义观念。"[1]法官实际上也都无法主张自己所从事的只是中立的科学活动而不是一种本质上的政治或权力活动。首先,中国法官的素质要求主体体现在政治思想素质和业务素质两方面,而其中特别是政治素质一定要高。所谓政治素质就是:高举中国特色社会主义伟大旗帜,坚持社会主义法治理念,坚持中国特色社会主义政治发展道路,坚持党的领导、人民当家做主、依法治国有机统一,把维护广大人民群众的利益作为人民法院工作的立足点和出发点。相比较,我们国家对法院院长的要求是,当面对一个案件涉及政治问题时,更

---

① [英]桑托斯:《迈向新法律常识》,刘坤轮、叶传星译,中国人民大学出版社2009年版,第21页。

重要的是他们将以怎样的思维来思考和对待这样的案件：如果你不是政治家，如果你没有政治家的思维而单纯以法律思维来思考的话，这个院长就当不成了。

其次，法官的利益直接是与执政党的利益联系在一起的。在我国，司法首先是在党领导下的司法。党对司法的领导主要是选派党员、干部进入法院，组成同级党组织掌控司法权，并通过思想动员方式帮助普通法官、法院中层领导，为了党和国家的利益正确、有效地掌控司法权。同时，党通过人大等国家机关以制度化、法律化的方式，严格规范法官、法院领导的监督和制约机制，建立起党对司法的直接领导。

在我国的法官系统里，虽然不是每一个中国法官都是党员，就笔者所了解的几家基层法院和中级法院等单位的情况来看，法官的党员比例基本上在80%左右。可见，我国法官共同体是在政治同质化的基础上结合起来的，法官的命运取决于他们是否能与主导性的政治意见以及其上级法院的法律观念保持一致。对法官的政治效忠、忠诚和承诺的集中化要求会增强法官共同体内部的凝聚力和团结。因为作为党员的法官，我们就需要追求党的事业，参加党的组织生活，接受党的纪律约束，必要的时候，要为党的事业奉献自己。具体来讲，法治事业的追求就要考虑党的事业，法官的职务调动就要接受党的组织部门的领导，法官的奖惩就要接受党的纪律部门的关注。这样，从组织心理学的角度来看，作为党员的法官在从事审判活动和追求法治事业的时候受到另外一重的影响，组织角色和功能可能存在一定程度的变化。这也是在关注中国法官和中国司法制度的时候不能不考虑的现实问题。也就是说，假如某位法官感悟到，同法律的现有规定相比，党的政策和意见要求具有更大的价值，那么他就会将对党的政策与要求的追求放在首位。

在美国国际开发署看来，法治和司法改革项目本质上是政治性而非技术性的。因为，法律不可避免的和政治发生联系。现实中司法改变无法脱离政治而独立存在，完全独立于政治的司法本身就是一种没有根基的主张。当然，我们也应该看到，"法律的政治工具化发展到极致，因而也达到其局限所在，而这也是福利国家的局限所在。这种局限变现为功能紊乱、内部不协调、预期目标无法实现以及出现种种违背意图的后果，等等"。[①]所有这些都将会以不同的方式表现在司法领域。

在现实生活中，我们往往以政治标准来要求法官。政法工作是党和国家工作

---

① [英]桑托斯：《迈向新法律常识》，刘坤轮、叶传星译，中国人民大学出版社2009年版，第52页。

的重要组成部分,必须在党和国家工作大局下开展,为党和国家工作大局服务。为大局服务、为人民司法,是人民法院的政治、法律和社会责任。因此,法官也必须以改革、发展、稳定的大局意识来处理具体案件。对于法官的政治境界,有学者提出,一旦我们将任何事情都上升到政治高度,这听起来冠冕堂皇,甚至显得有境界,当然我们更不能说不对,可是,把什么事情都上升到本不属于它的高度来审视、来研究,究竟是一种重视,还是一种推诿、一种搪塞,恐怕大家心里都有自己的评价。

由上,我们可以看到中国司法理性的基本问题在于其容易过于政治化,而不是全世界各国司法都在进行的司法去政治化。当法官的司法理性被其政治学笼罩,那么,理性既是征服者,又是臣服者。由此,我们可以发现,法官理性其实是一种工具性的支配意志。然而,司法具有国家性特征,一旦法官要对具体的社会纷争做出价值判断时,就会受到特定阶层价值观的影响与约束。因为具体的社会纷争涉及:工作空间、市场空间、社会空间、公民空间和世界空间,而所有这些空间都可以被政治化。这是从我们自己的经验中可以观察到的。法官理智的司法活动在人类社会中努力体现其存在的意义与价值,代表一定的阶级、阶层利益的政治没有必要为其提供基础。将司法活动提升到政治高度也未必就是一个好事,也可能会在暗中破坏这一制度,使法官的审判活动变得不必要。从政治与法律的关系出发,现代社会对政治与法律问题的解决思路有两种:一种可归纳为"法律问题政治解决";另一种可归纳为"政治问题法律解决"。这两条路径显然各有其理,在一个法制严重不完善,并且可依靠的大多数法典是显明的恶法的情况下,政治介入司法领域的纠纷处理可能是一个比较有效的方法;而在一个法治相对完善,社会秩序相对平稳的情况下,"政治通过强调法治隐身于纠纷解决的幕后,而法律则依托于程序走向纠纷解决的权威、公正的前台"。①政治问题由法律来解决则可能结果更稳妥,因为它的社会破坏力会更小。

在西方,法律习性的影响超过了我们想的范围。在美国、德国,几乎所有问题,包括任何政治问题都有可能最终转化为法律问题诉诸司法来解决,从而最终由联邦最高法院或德国宪法法院来加以裁决,由此使得司法语言几乎成为大众话语;而在中国这样一个社会,任何问题,包括法律问题都很容易被转化为政治问题来解决,由此使得政治语言几乎成为大众话语。这两种方式的结果是完全不一样的,一

---

① 高志刚:《司法实践理性论——一个制度哲学的进路》,上海人民出版社2011年版,第178页。

个法治国家任何问题都可以归为法律问题并最终由法院来裁决。特别是如果我们将法官的言行都上升到政治高度,那么所有社会问题的解决最终都可能会归于用政治方法来解决。

因此,想要法律永久成为官方的和有效的社会管理工具,我们必须借助于法律所提供的规范性整合和强制来打击最终的对抗。换句话说,其需要通过法律来完成对社会冲突和社会对抗的有效控制,就必须实现政治的法律化。德沃金认为,"这在像我们这样的政治共同体中尤其重要,在我们这样的政治共同体里,重要的政治决定是由法官们作出的,法官被认为唯有在真实的法律命题要求或者允许的时候,才具有做决定的责任。"①其实,不管是政治问题法律解决还是法律问题政治解决,都算不上一种新现象。之所以我们在现在才感受到这种现象,仅仅是与过去相比,现在法律影响到社会群体和实践领域要广泛得多,这种变化对广大民众法律意识的培育无疑是非常重大的。可见,传统的对司法的认识由于过长时间地占据前厅,最终宣称:决不能看到主人,甚至根本没有主人。这是走在前面的人的哲学,现在是转向住人房间的哲学的时候了。在现代社会中,法官日益成为社会政治关注的重点。对中国法官现状的认识使得我们明确,中国法官,不管我们怎样定义,他们的职业定位不能不受种种当代制度条件的制约,一个法官所使用的价值标准也只能是国家的标准。

如今,在中国法庭上坐着的是身穿西式法袍、挥舞西式发垂的中国法官。显然,中国法官是将西方法官看作中国法官的完美形象,他们更愿意把自己看成现代西方意义上的法官,而不是中国传统意义上的法官。有些法官甚至提出,中国法官同样应该脱离一般的民众,高高在上,应该自我造就成为一个法治社会的孤独者。然而,神秘法官孤独论具有太多的英雄色彩,他的叙事解决是一种自言自语,除了通过书本之外,他不与任何人交谈,他没有任何遭遇,他不会遇见任何其他人,没有事情能够使他兴奋起来。这样的法官显然与我国的国情不相适应。事实上,任何国家的法官制度都与该国的政治与社会制度紧密相连,比如发达国家的司法制度与发展中国家的司法制度是不一样的,其中体现出法官的作用也是不同的。

而中国现代司法的特殊条件,又使得他们并不完全符合上述理想化的法官定义。在当代中国,国家对法官的遴选是与一般行政干部一样的。这种制度缺憾,更鲜明地表明了法治现代化与中国法官之间的内在紧张关系。总之,当前我们所关

---

① [美]德沃金:《身披法袍的正义》,周林刚、翟志勇译,北京大学出版社2010年版,第3页。

注的法官样本是一个缺乏我国本土资源支撑的法官样本,当他们与中国的现实法律文化发生冲击时,便会出现自我法理认同的匮乏。主张法官远离社会的人,在对中国法官制度进行分析时,往往忘记这样一个很重要的现实问题。

不可否认,随着现代法治的不断完善,司法审判过程越来越专业化、审判内容越来越新颖化,这将不断刺激和加强我国司法改革的步伐。全球范围的司法现代化亦为我国现代司法制度的创造、为现代法官现代化过程的产生提供了非常广阔的条件和空间。那么,什么是司法现代化呢?现代化涉及一系列的过程,诸如:司法经验的积累和司法资源的利用;法官认知的提升和审判效率的提高;审判权的集中和审判结果的法律认同;政治参与权、价值和规范的中立化等。所有这些过程既相互积累,又相互转化。一般而言,法官在司法活动中的独立性越强,这类经验形成和作用的空间就越大,对经验的依赖也越强。语言审判活动的同质性,这类经验很多,可以在一定程度上推广复制,当其效果得到检验和认同时,就可能被总结上升为一种具有普遍性的群体检验,乃至成为整个职业群体的行为规范或法律技术。

于是有人提出,法官现代化主要体现在法官的理性化过程中,其基本的特征如韦伯所言,是理智的思考和计算。如果把法官的行动分为工具理性行动和价值理性行动,那么工具理性行动"所关心的只是技术而不是价值,只是手段而不是目的;只是手段对于目的的实现的意义,而不是目的本身的合理性。其所能解决的只是是的问题,而不是应当的问题"。①而价值理性行动则是以主体人为中心而不是以客体为中心的理性行为。它是从善和恶的角度判断事物和现象可赞许和不可赞许的理性。它是人们确定态度的理性,而不在于求得对客体本质、属性的正确把握,在于行为的合目的性。然而,我们所要讨论的是,在理性社会中,虽然工具理性的作用不可小觑,但工具理性所服务的目的何在?工具理性只有在价值理性的指导下才有存在的全部合理性,一旦它脱离了价值理性的指导,就会成为人之异化存在。为此,我们必须明确工具理性相对于价值理性的从属地位,工具理性服从并服务于价值理性,价值理性须通过工具理性具象化、现实化。②

当我们把法官放在现代性的历史语境和社会条件下来考察,就会发现剔除了

---

① 高志刚:《司法实践理性论——一个制度哲学的进路》,上海人民出版社2011年版,第136页。

② 高志刚:《司法实践理性论——一个制度哲学的进路》,上海人民出版社2011年版,第138页。

法官的自我理性化的情景,就可以揭示法官与现代社会的共生关系。如前所述,法治现代化对法官来说,首先,要求其用理性的方式审理案件,法官行为的理性化前提是将社会关系看成一个人为的有序的整体,一切事物的发展与变化都在法律的规制范围内,而这些法律规范是由法官所认识和掌握的。即使出现人为规范、控制之外的事情,法官也会以"法无明文规定不为罪",或"法无规定都可以"等法治理念来处理。其次,由于法律知识产生于人的理性认识,理性认识的主体既是法律的制定者,同时也是社会秩序的维护者。而法治社会中法官比其他社会阶层拥有更多的机会和权利来获得法律知识,所以他们被公众赋予了从事公共司法裁判的合法权力。于是,社会在赋了法官公共审判权的同时,还把与社会息息相关,并具有唯一正确性的社会道德权威赋予了他们;法官只有作为理性的代言人,才能被赋予这种正确性和权威性。因此,法官不仅应该是法律知识的生产者和制定者,而且还应该是正义的维护者。

当代中国法官产生的场景与西方的法官有很大的不同。如果说西方的法官可以他们的自主性或理性来安排和改造法律世界的话,那么,当今中国的法官似乎只能根据现代化的法理知识来改变中国的法制,建构中国的法治社会。建构主义"往往是在借鉴或比较的意义上进行的,可以使我们获得司法制度图景的意象,但对司法与社会的契合缺乏足够的解释优势。我们所探讨的对象是中国的法学与法律的发展,但所采用的理论与方法却几乎是西方或西方式的"。①按照西方现代司法的样式改造中国的司法体制几乎已经成为共识。按照这种观点,人类社会司法实体的构造基本是一样,各国的司法乃是这个实体的特殊表现形式,他们之间完全可以相互吸收与补充。而我们还应该知道,我们是将西方法学知识的吸收,除了一些特殊的对象之外,一般情况下,我们是将西方法学的文本译成中文,并进行语言重构后予以接受,而我们本身并没有对外来法律知识拥有"处分的认知权威"。②对此,我们很少有人关切与注意:中国的法官很少有人在法理认同上觉得,自己还应该是当代中国法律知识和法律价值创造者,而不仅仅是西方法学或历史法学的追随

---

① 高志刚:《司法实践理性论——一个制度哲学的进路》,上海人民出版社2011年版,第76页。

② [德]哈贝马斯:《在事实与规范之间》,童世骏译,生活·读书·新知三联书店2003年版,第65页。

者。中国法官法理认同的缺乏说明,他们仍然缺乏足够的自我意识,这种自我意识必须而且只能从他们的自我认同开始。

二、中国司法的困境

当世界进入21世纪后,中国的经济崛起和发展,使得中国的国家地位逐步提升,从而为建构法治社会的信心奠定了基础。在某种意义上,法治的精神乃是现代社会的灵魂和内核。但是,与之相反,我国司法制度的建设并没有取得令人信服的成绩,反而却造成了对司法改革自我认同的薄弱。"通过现代科学和现代法律来重构现代性的过度与不足的管理,正经历着决定性的危机,并且,这种危机无疑在科学和法律中最为显著。"①当今,一个司法改革的新高潮正在向我国走来,司法改革这一话语已经成为我们法律人思想中的一个关键术语。我们清楚地认识到,司法改革作为一个重大理论和实践问题,在今天被置于如此重要的历史地位,不取决于任何人的主观意愿,而是由当代中国法治改革和法治现代化建设的实践要求所决定的。司法之所以要进行改革,并不是因为我们拥有了一种新的想法,而是我们不得不进行改革,因为社会已经发生了过程的改变。

帕森斯认为,社会过程有别于社会变迁,按照他的界定:"社会过程指的是某种社会层面的结构伴随着社会的历史演进而进行的功能运转,既无分化也无去分化。与此相反,社会变迁则涉及步骤或骤然的秩序重组、革命或改革。"②正常的社会变迁应当拒绝将革命作为社会转型的可信模式。就为国当下所发生的司法改革而言,只是某种司法层面的结构伴随着社会的历史演进而进行的功能转变,社会的基本结构没有发生分化。因此,这更符合帕森斯所说的是种社会过程而不是社会变迁。我们知道,我们可能永远也不可能按照自己的意愿从根本上改变司法,但我们可以用中国法学家的真诚来深切体会中国广大民众的迫切需要。如何为中国社会的转型提供和设计现代化的司法理念与司法体制,已经成为每个中国法律工作者的心愿。中国的法律、法制期待面向未来,决定现在,并左右着我们对过去的把握。

培根认为技艺方面的成功一定是较先于制度本身的成功。就此引起了我们的

---

① [英]桑托斯:《迈向新法律常识》,刘坤轮、叶传星译,中国人民大学出版社2009年版,第9页。

② [德]格哈特:《帕森斯学术思想评传》,李康译,北京大学出版社2009年版,第6页。

思考:是什么为我们的司法改革提供了检验的手段?是什么非概念的因素或非解释性的因素阻止我们的法治思想的进一步发展?简单地说,就是技艺。如果你要构建一个司法制度的模型,但若在实践中达不到效果,那么机制必定是有问题的。也许我们能够寻找到各种各样的借口:如司法机制系统不协调,司法人员素质低,甚至司法人员的待遇给得太差等。有时听起来这些借口好像是有道理的,但通常在经过一段时间的试错后,这些借口就站不住脚了。之后我们发觉并承认,司法制度设计本身在某种程度上存在问题。我们知道,法律机制的建立仅仅依靠技艺移植是不够的,"仅仅从原则出发,将无法回答这些原则何以进入中国社会的运作,成为实际生活中体现出来的原则,而不是停留在一套字面上的精神概念体系。仅仅提出一套法治的原则,赞美法治的可欲性是不够的,那是法学牧师的工作,而不是法律人的工作。我们努力把有关这些原则的分析同我们可以感知的日常生活变迁联系起来,提出我们面临的问题。"①这样我们才能够为建构一种为本国司法改革实践提供确实有力的理论,才可能为法治的进一步发展提供基础。

改革开放以来,我们正见证着一场法律科学的范式危机。然而,鉴于法官在过去几百年里所扮演的角色,我相信,我们也正见证着一场我国当代司法制度的范式转化危机。法官作为社会生活的一等理性者,他包含了国家权力的代理角色。这样,法官便表现为我们达致和谐社会的接近者,而法官制度的这种完全理性化只能由现代法律科学本身来完成。

从历史的视角来看,法治世界必须按照普世的方法与规则来形塑,但这些方法与规则是由人所创制的,所以并不能排除人的主观意志;换句话说,法治世界的形塑受到种种条件的限制,由此形成了一国的法治特色。恢复法官制度已逾三十载,在建设中国法官制度的路途上,我国借鉴了很多西方发达国家的司法制度,沐浴了现代西方法治精神和法治理念,开启了规模化的法官教育和法官职业化历程,并融合了中国传统司法的一系列元素,形成了独具中国特色的司法审判实践,并在司法制度建设方面积累了丰富的经验;同时,一套有中国特色的社会主义法官制度正在逐步建立和形成。

改革开放后的中国,对现代西方司法制度基本制度与理念的接纳与吸收,是一项具有创制意义的革命性事业,但同时也包含着内在的冲突。从根本上说,症状是模糊的:一些人似乎令人信服地认为,以西方法治为蓝本的现代法官制度是我们问

---

① 苏力:《道路通向城市——转型中国的法治》,法律出版社2008年版,第6页。

题的解决之道；而另有一些人似乎同样有说服力地论证说，现代西方的法官制度本身就是我们需要正视的问题的一个部分。显然，由于我们法学思想与理论的积累不够及底蕴不足，我们所拥有的是一个非常不稳定的视觉系统。只要我们的视觉感知出现微小的波动，都会破坏我们所视之物的对称。

在对现代西方司法制度与当代中国条件的这两种解读之间做出选择并非易事。现代西方司法制度诉求的宽度为中国的法治创新开拓了广阔的视野；但同时，司法制度的构成元素具有复杂性，它几乎造成司法制度中某些配套的机制不可避免的无法兑现。这些过度与不足都处在司法改革的中心，也有许多发人深思的经验与教训。当今，当我们打开网络，输入"司法危机"等关键词，一系列关于秘鲁、新加坡、马来西亚等地的司法危机报道便会映入眼帘。我们容易发现，某些引人关注的棘手问题自我国改革开放之初就埋下了受挫的种子，这值得我们重视。《中国新闻周刊》2001年曾以《中国法官遭遇"公共信任危机"》为题报道了一项社会调查，在律师、检察官、警察、法官四种职业中，法官是最不受欢迎的。由此可见，民众对司法的不满程度，对司法公正问题的质疑程度，不是在下降而是在不断地上升。司法危机将会导致人们对司法的信任以及对法官腐败和低效率的谴责，并由此可能影响政府的公信力。

毋庸置疑，一场实实在在的司法信任危机正在向我们走来。在司法的范式危机中，长久以来形成的对法理的共识理解被打破了，一般化的理论争论变成了法学人公开的、自我意识到的话题。从我国司法实践的发展状况来看；一方面是法官科层官僚行政管理制正当性危机；另一方面是司法改革理论的反思建设缺乏总体思路的突破。现有的理论提出大都没有构成一种替代法官科层官僚行政管理制的范式。我们必须对它进行研究，我们不仅要对其进行科学的诊断，而且还需要列出必须加以根治的诸种致命的社会弊端，而且还要分析我们必须要加以重视的影响司法独立的诸种制约力量，分析真正需要解决的问题。

正如亚当斯所说，"权力是毒药"。这剂毒药会弄瞎人们的道德慧眼，会摧残人们的道德心智。随着一系列法官腐败案的揭露，司法腐败的问题越来越受到人们的关注。于是，有人说："中国法官们可称为社会活动家，天天围着酒席、牌桌、歌厅转，左右的人还屁颠屁颠的把他当爷伺候，这生活那才叫作有滋有味。可怜的是受了冤屈的小民，法官酒桌之上持瘿了公正，冤屈向谁诉。"而著名学者梁慧星则将司法腐败列为中国法治的"三害"之一，并称，若"三害"不除，则"人民遇有纷争将不再寻求社会正义于人民法院，必将转而寻求帮助于草莽之间。其后果不堪设想！"江泽民同志曾在中纪委第八次全体会议上发表讲话指出："历史事实说明，官吏的腐败，司法的腐败，是最大的腐败；是滋生和助长其他腐败的重要原因。"法官的腐败与不公除了损害司法机构的形象，玷污了法律的尊严，也断了老百姓依法维权的道路，很容易将他们推上铤而走险的不归路。

近年来，我国法院的实践与公众期望的差距正在加大，这一差距是危险的，因为随着时间的发展，有可能破坏公众对法官的信任。近些年来，司法公正问题日益突出。法官的道德观念在我们的生活中已经失去了规范作用。很多人已经不知道什么是司法的正义，什么是法官的美德。有人说，中国是个"大染缸"，即使是红色法官，日子久了也会被人拖下水而被染黑。许多有正义感的法官，也是因为大环境所迫不能得到重用，反倒是有些搞邪门歪道的人快到退休年龄还能混个地厅级大法官干干。这种本来就违反德才兼备用人制度的人，其本身就带有违规违法行为，一旦这些善搞歪门邪道的大法官登堂入室，又怎么能秉公执法。

当下，对于司法腐败的讨论展开，我们首先必须对什么是司法腐败有所认知。其实，司法腐败是我们长久以来对法官不合理的司法实践所导致的法官与法治世界关系不协调状态的积累性的表现。而直接导致各种不合理的法官实践，则又是与当下一般社会腐败因素的影响分不开。司法腐败与普通的腐败有一定的共通性。按照国际上通用的定义，"腐败是滥用公共权力牟取私人利益。"从广义上看，司法腐败涉及检察、公安等其他部门。而在这里，是仅就法院而言，将其范围限定在法官的审判范围内。腐败问题引起了全社会的极大关注。而法官腐败的最基本的两项指标，我们可以归纳为：滥用公共权力和牟取私人利益。著名学者孙宪忠曾对新华社记者表示，对于"两高"报告，他最关注惩治司法腐败的对策。中外法学界普遍认为，法官受贿比其他人员受贿给社会带来的影响更恶劣。其他人受贿好比污染水流，而法官受贿则好比污染水源。法官对是非的裁判不仅代表公平和正义，而且代表对公平和正义的最后判断。法官如果受贿枉法裁判，还会给社会树立标准，使社会整体行为向不正当现象靠拢。

近年来，中国司法领域腐败问题的日益突出也引起了中央的高度重视。中共中央纪委驻最高人民法院纪检组指出："当前，司法领域中腐败现象尚未得到根本遏制，各种不廉洁行为仍时有发生，法院系统反腐败斗争的形势依然比较严峻。"一些当事人及其代理人为了促使法官做出有利于自己的裁判结果，不惜通过各种渠道、采用各种方式来腐蚀拉拢法官,一些法官在金钱、美色的诱惑下,利用司法权徇私枉法、违法办理人情案、关系案和金钱案,有的甚至走上了违法犯罪的道路。

2009年3月10日,最高人民法院时任院长王胜俊在十一届全国人大二次会议上所作的报告中指出:"要以解决司法不公、司法不廉为重点,强化法官职业道德教育,完善惩戒制度,严格执行五个严禁,严明审判工作纪律,严肃查处违纪违法人员。"如此严厉的刚性约束在最高人民法院历史上还是第一次,这对于规范法官行为,确保公正廉洁的司法,意义重大。学者与别人同样的感受到了对司法腐败的恐惧和震惊。学者的这种感受,不可能只是通过上述简单的个案,而是已经预设了诸多可分的方面:社会表现、主体感受、比较与回忆、理性的推论等。一个感觉迟钝的、远离社会的边缘人是不会在看到这种恐惧或震惊的。以理性作为认知标准的司法正陷入危机,而法官的责任也已经受到侵蚀。理性是现代社会最重要的特征。在一个社会的经济、政治、文化等发展过程中,法官的理性常常通过他们对法治的责任感表现出来。一个失去权威与信仰的司法制度,无论从何种意义上都潜伏着巨大的理性危机。民众对司法体系的不满集中在效率低下和腐败两个方面。当然,腐败对司法来说则是一个非常严重的问题。虽然,在过去的几年中,我国司法部门一直致力于解决这些问题。如为了防止腐败,国家大幅度提高法官待遇,目前许多法官获得的月薪都是当地比较高的,这对于中国这样并不富裕的国家来说,已经是非常来之不易的。看来,法官的独立性不是永久的防止滥用权力的第一要件,司法腐败的原因在很大程度上是对于大权在握的法院领导的监督制约缺位、失效。

首先,内部监督缺失。虽然在我国法院"改革纲要"中有加强制度建设,健全监督机制,保障司法公正廉洁;改革和完善人民法院内部监督与接受外部监督的制度的明确规定。但由于司法行政化管理的方式,事实上对法院一把手和分管领导监督是缺位的。相反,有的审判法官对院长、庭长唯命是从,甚至二者结成了利益的共同体,何谈监督?还有是上下级法院的监督流于形式。有的上级法院法官利用终审权、改判权非法干涉下级法院在审案件的审理活动,而下级法院法官为保证案件不因改判而成错案,主动向上级法院请示。政法委与其关系过于密切,常常护短犹恐不及。

其次,外部监督弱化。有观点认为,法院外部监督这种弱化就是司法独立的正面,并且有证据证明这是一个很好的交换,通过外部约束最小化实现司法独立最大化的英美风格的司法。但也有观点认为,由于司法机关的审理程序透明度不高,公民及媒体等监督主体无法充分了解监督客体的真实情况,难以实施有效监督。即使是法律规定的公开审判,在法院的解释下也可以做到普通公民想旁听而无法旁听。

最后,人大监督缺乏刚性。事实上,以我国的法治体制而论,唯有人大机关握有监督司法的至上权力。所以,更根本的是要强化人大对司法的监督,使其充分行使国家权力。而要做到这一点,当务之急不妨从改变人大组织的人员构成做起,使其不再是"老人院"。可悲的是,恰恰是拥有对监督司法权力的人大机构失守失职了。

由此可见,现行司法制度存在的最大问题是司法不受制约。在任何法治国家,法官确实需要独立、中立、冷静、理性,但这都是在首先解决了司法制约问题的前提下实施的。没有制约的司法独立,只会让独立成为腐败和徇私枉法的借口,这种情况下,独立意味着拒绝监督,中立意味着拖延和推诿。

危机并不可怕,可怕的是对危机的忽视。法官的异化问题是一个非真理的问题。我们完全可以将目前的危机看作是种机遇。从西方司法改革的历程来看,20世纪末多数西方国家所进行的司法改革均缘起于所谓的"司法危机"。这种司法危机表现为许多国家正在经历其诉讼运作上的困难。司法的目的在于是否能对案件做出正确的评判,并延伸至当事人之间的冲突和矛盾是否得到真正消除,从而实现社会正义。因此,司法的危机也可以说是正义的危机。在当今社会,司法制度不能满足现实的需要是大多数国家所面临的共同问题。我们作为一个处于社会主义初级阶段的法治国家,必须认真总结人类历史的经验和教训,历史的经验和教训是人类永久的防止权力腐败和滥用的重要条件。确切地说,公正的司法,是人类为自身设计的一种理想的制度,社会把美好的向往投射在这种制度的理想中,而要使这种理想的制度成为现实合法化,如果没有体现国家的制度投射,那是万万不可能实现的。

第二节　中国法官改革之探索

现代司法不仅要求能够切实地维护人民财产安全,还期待保护社会政治权利;不仅要求司法对社会政治生活的参与权,还要求执法公正,司法公开透明;不仅要求提供社会服务,还期待态度热情、优质高效等。这是当代法官实践理性发展的目标和趋向。司法的这种追求与理想体现了社会有理由要求司法更公正、公平和高效。面对这种日益复杂的职能期待,司法系统本身也需要客观的反思和在反思基础上的自我调适,用以解决当下社会所面临的问题和困境,以及走出危机、奔向未来的理性精神。司法和谐昭示着当代法官理性发展的新方向;要走向这个方向,法官面临着理念与实践的变革,思维方式、行为方式的根本变化。近年来,中国的经济改革与发展所取得的成绩令人注目,相对而言,中国的司法改革却是举步维艰。面对全球化语境下的中国司法改革,我们究竟应该提出什么样的应对措施？确实有一定的难度,甚至可以说以笔者个人之力根本无法就每一个问题进行详细的描述。而笔者所关注的仅仅是21世纪中国司法改革中最令人着迷的一些现象,比如,全球化语境下的司法共识,民主制度建设中的政治司法化,司法自治与党的领导等问题。我们必须将它们整合在一起以产生一种可行的科学的进路,才能足以应付中国法官改革中面临的挑战。

一、司法改革之路径选择

法治和司法改革是迄今为止最复杂的事情,法治原则是世界范围内法治国家与机构之间达成的一项司法共识。对于我国而言,这是一种外因促成的制度妥协,而这一过程在认识论上具有两方面的积极作用:其一,为中国法治理论的"可靠性"提供衡量标准,并以此为依据来确定那些经过不同途径产生的理论成果的可接受程度;其二,为中国法治理论的产生和发展提供学科内的集体认同与支持。共识是实现社会和谐共存的必要前提。

当前,我们推进司法改革的内在动因,主要在于现有的司法制度无法满足人民日益增长的社会正义需求。在生活中,人们希望以较低成本接近司法和正义,能够迅速获得快捷的司法救济,能够通过公正的程序获得个体的尊严,能够借助权威的司法对抗公权的滥用。而现实中司法力量的相对软弱、司法权威的相对匮乏,并不能很好地发挥其保障人权、制约公权、维系正义的功能。因而,司法改革必须通过司法体制的更新,以公正、权威而有效率的司法来满足人民的各项正义诉求

那么,今后我国的司法改革到底选择什么样的路径才符合法治的本质与目标的要求?笔者认为可以协商对话达成的共识取代对法治本质与目标的真理性认识。不管是建设一支高素质的司法队伍,还是推行民主化的审判机制,个体或团体的认识最终都无法替代民众的意见。在宪政上,司法改革理应在路径上遵循正当化程序,像医改一样开门纳谏、问计于民,将不同的司法改革方案交由人民讨论、选择,并最终由民意机关全国人大批准实施。但我们知道,"人民参与司法"和"人民参与审判"是两个不同的概念,法治的理念要求我们国家只需要一个单一的、有权威的裁判机构,这样的裁判机关既不为公众的压力所左右也不受制于民意的不稳定性。法治主义者们常常以这样的方式来提出他们的主张,即他们完全从法律的定义或法律的本质中得出来。

世界上许多成功进行司法改革的国家,都注重在决策中听取民意。他们也经常诉诸这一原则来支持他们的主张,"即,国家由人民以及他们的代表在以前、即便是很久以前制定原则来统治,要比由一小部分现如今享受有司法官职的法律家所偏好的原则统治,更符合民主理论。"[1]虽说,近年来我国司法改革成为民众关注的焦点,但普通百姓始终处于"看客"的地位,并没有参与到这场与他们切身利益相关的改革事业中来。改革没有形成常规的民意吸收与交流机制,改革措施的出台就会缺乏透明度,民众就会抵制。高高在上的决策者对于改革决策的规划设计,似乎仅限于相关法律机关和知识界的精英人士,普通民众的话语权根本没有得到重视。从某种角度来说,广大民众才是司法改革的发动者、参与者和评价者,至少不应当是旁观者。制度的有效实施需要考虑和顺应公民的需求,一个良好的政制如何实现其目的,在很大程度上取决于人民的建议和同意。缺乏民意基础的改革必

① 韩大元:《东亚国家司法改革的宪政基础与意义——以韩国司法改革的经验为中心》,载《浙江社会科学》2004年第1期。

然违背宪政精神。司法为民是司法改革的价值导向,只要存在民众的合意,法官必须在民意的框架内践行自身的职责。这是因为,司法权力的归属主体是人民,在人民法院第三个改革纲要中就提出要"为了人民、依靠人民、惠及人民"。只有民众的需求才是司法改革的方向,一切改革的举措只有契合民意才具备正当化基础。所以,司法改革是在民众的不满中发动,其过程必须要在民众的参与中推进,其结果也必须在民众的评价中检验。

二、司法改革与司法民主

民主作为当今世界性的意识形态,是任何政府正当性的基础。司法机构在民主生活中的作用就是要弥合法律与社会不断变化的需要之间的差距,法官只有将个人争端和根本的结构冲突相联系,而不是对其等闲视之的时候,才可能对民主有所贡献。

什么是司法民主?所谓司法民主就是要求审判公开,接受社会监督;公民有权依法参与审判活动,如建立人民陪审员制度,让人民陪审员以普通人的生活经验和逻辑方式察明事理,以情理补充形式合理性的不足,实现司法正义。有学者认为,在司法民主中须包含有下列观念:一是司法权来源于人民;二是司法机关存在的必要性;三是司法机关必须尊重人格尊严和价值;四是司法权的有限性;五是以民为本是司法制度的生命力所在。也有人认为,司法民主包含司法的内部民主、对司法的民主监督、对司法的舆论监督。内部民主表现在司法的程序应当民主,从而实现程序公正。具体表现在:一是改革原有的纠问式审判方式,实现程序的民主;二是进一步落实合议庭职权;三是通过陪审制实现民众对审判的监督;四是推广裁判活动的公开化,实现裁判民主;五是通过权力机关对法官的选举和罢免体现民主。

政治的司法化或者说司法政治化,这其实是一个问题的两个方面。就字面意思看,它表明政治与司法之间存在着内在的联系。但二者之间仍然有着基本的区别。从法的理论上看,法无论从它的内涵还是效力看,都不应受政治的左右。但从法的实践过程来看,自从人类进入阶级社会后,法与政治的关系便无法割裂。法被认为是由政治统治者所制定,并可以作为政治目的的工具来使用。这样,政治便超越在法之上,同时还赋予法以内涵和效力。通常,我们将法的这种现象称为"法的政治化"。然而,当社会发展到一定程度,人们的自由与平等意识逐渐加强,一种限制政治支配法律的要求便出现了，这就是民主观念和法治思想的产生，即要求人类所有的行为都应限制于法律框架之中，甚至具有政治性的行为，任何事情都可以通过司法来解决。因此，法治观念和法律体系的形成也就成为了"政治法律化"的开始。当然，这里的意思是法律可以检验政治行为的合法性，而司法审查机构就成为了落实"政治法律化"的实体。尽管如此，司法审查制度的确立也不可能就造成政治的完全法律化，这主要是由政治的属性决定的，即政治要不断适应社会的变化，政治需要一个自由行动的空间，政治当局在法律范围内可以自由行动，但不能没有法律。

当代中国提倡并推行"和谐司法"的法治理念，正是改革开放以来，中国法治放眼世界并基于全球化的实现和进一步加强司法独立而调整对世界法律体系和中国传统司法立场的判断的结果。当今世界范围内，全球化进程已不再仅仅是一个经济运动，更成了一种法文化现象。我们基于中国司法在"世界法律体系"中的位置而做出的改革举措，其实质在于通过对司法的新理解而获得法官新思想的根源和理论依据。在全球化语境下，中国司法民主制度的建设和法官职业体的自治建立，将会导致中国法官在当代全球化趋势下的历史转向。事实上，一方面，中国作为一个世界大国和联合国的常任理事国，在许多重大的国际法律事务中应该发挥其日益重要的作用；另一方面，作为一个发展中国家，中国的司法又确实面临着严峻的挑战，如何顺应经济全球化的大趋势而获得自身法治的稳步而持续的增长的确是一个不可有丝毫忽视的大问题。就这两方面而言，中国作为联合国大国之一，其司法改革的一举一动都受到全世界的瞩目，中国司法理念的更新和司法模式的确立乃是举足轻重的关键所在。世界法治秩序的有效建立与维护需要中国，而中国现代化司法改革的成功同样离不开世界。

21世纪，在中国司法改革中，最重要的任务还是提高法官对司法理念、法律学识的理解，并在提高独立判断、自主认知的基础上，通过合理性的措施严格防止司法腐败。为此，我们有必要集中法学的优势资源来解决司法制度中法官实践理性的运用问题。因为我们的法官只有在对司法理性的把握真正领悟理解的情况下，才能把关于司法公正的精确信息贯彻到每一个个案中，才能有效抵制外界与内部的不当干预。保持法官抵制诱惑和外在强权的品质是保障法官独立的重要力量；也就是说，只有诱惑抵制力得到加强，树立法官神圣形象与威望，才能取得公众的信赖。如果法官缺乏强有力的抵制力，那就不可避免地会迫于强权而做出错判，最终就会失去公众的信赖,丧失审判的公信力。

理性地看,建立符合现代司法理念的具有永久普遍意义的公正司法,是构成中国现代法治社会的最终意图和目的。而问题是:通向"法权时代"的这条道路应该怎么走。康德认为,大自然有一种神秘计划,会使我们人类最终走向"法权时代",只有在法权时代,人类才能真正进入实践理性自由构建起来的和平而安宁的美好社会。但是,我们今天很多时候,关于"法官"的定位还是有很多问题的,最根本的问题在于建构我国社会主义法官制度的时候,对法官所做出的逻辑前设和经验性描述。法官应当成为法律的专家,一名法官应当将其全部的智慧投入到审判事业中去,这不仅是对法官职业本身提出的要求,而且也是建立法治社会的必然要求。长期以来,我国一直将法官视为政法干部,强调其行政性,而忽视了其技术性职业的专门化。我们在对法官的本真的理解中,在消解资产阶级属性的同时也驱除了真正意义上的法官道德价值,其结果就使得我们无法面对真正意义上、具有普世价值的司法理念。

中国法官制度的发展与完善更大程度上是体现在它的发展能力上,这种发展不仅体现在它对世界上优秀法官文化的吸收,更展现在法官制度的有序而稳固的发展上。近些年来,我国各地司法部门对法官机制的创造性变革,引起了越来越多人的关注,这是我国司法改革的一个结果,这些变革作为一个共同体所进行的结构性整合,将会对我国的法官制度产生深远的影响。显然,如果我们不对西方的法官制度进行历史的自我反思,就不可能解释我国法官成长的进程。正是这样的信念,使我们相信,我国法官制度的完善,必须通过法律制度的不断向前发展,法官能力的不断完善来进行。

参考文献

一、专著

1.[美]F·雷蒙德·马克斯、柯克·莱斯温、巴巴拉·A·弗金斯基:《律师、公众和职业责任》,舒国滢等译,中国政法大学出版社1989年版。

2.[德]马克斯·韦伯:《经济与社会》(下卷),林荣远译,商务印书馆1997年版。

3.何勤华:《法国法律发达史》,法律出版社2001年版。

4.张文显主编:《法理学》,高等教育出版社2003年版。

5.[日]大木雅夫:《比较法》,范愉译,法律出版社1999年版。

6.[德]斐迪南·滕尼斯:《共同体与社会》,林荣远译,商务印书馆1999年版。

7.张文显:《二十世纪西方法哲学思潮研究》,法律出版社1996年版。

8.[德]马克斯·韦伯:《经济与社会》(上卷),林荣远译,商务印书馆1997年版。

9.[英]丹宁伯爵:《法律的训诫》,杨百揆、刘庸安、丁健译,法律出版社1999年版。

10.苏国勋:《理性化及其限制——韦伯思想引论》,上海人民出版社1988年版。

11.[美]H·W·埃尔曼:《比较法律文化》,贺卫方、高鸿钧译,生活·读书·新知三联书店1990年版。

12.季卫东:《法律秩序的建构》,中国政法大学出版社1999年版。

13.[美]本杰明·卡多佐:《司法过程的性质》,苏力译,商务印书馆2000年版。

14.林钰熊:《检察官论》,台湾学林文化事业有限公司1999年版。

15.郑成良:《现代法理学》,吉林大学出版社1999年版。

16.贺卫方:《中国法律教育之路》,中国政法大学出版社1997年版。

17.怀效锋主编:《法官行为与职业伦理》,法律出版社2006年版。

18.[美]约翰·罗尔斯:《正义论》,何怀宏、何包钢、廖申白译,中国社会科学出版社1988年版。

19.[英]托马斯·霍布斯:《哲学家与英格兰法律家的对话》,姚中秋译,上海三联书店2006年版。

20.赵明:《实践理性的政治立法》,法律出版社2009年版。

21.[古希腊]亚里士多德:《雅典政制》,日知、立野译,商务印书馆1978年版。

22.[美]孟罗·斯密:《欧陆法律发达史》,姚梅镇译,商务印书馆1943年版。

23.[比]卡内冈:《法官、立法者与法学教授》,薛张敏敏译,北京大学出版社2006年版。

24.[法]孟德斯鸠:《论法的精神》上册,张雁深译,商务印书馆1982年版。

25.[法]雅克·朗西埃:《政治的边缘》,姜宇辉译,上海译文出版社2007年版。

26.[美]伯尔曼:《法律与革命——西方法律传统的形成》,中国大百科全书出版社1993年版。

27.《马克思恩格斯选集》第2版第3卷,人民出版社1995年版。

28.陈盛清:《外国法制史》,北京大学出版社1982年版。

29.郭建:《古代法官面面观》,上海古籍出版社1993年版。

30.[意]格罗索:《罗马法史》,黄风译,中国政法大学出版社1998年版。

31.陈嘉映:《哲学 科学 常识》,东方出版社2007年版。

32.怀效锋主编:《法院与法官》,法律出版社2006年版。

33.[美]孟罗·斯密:《欧陆法律发达史》,姚梅镇译,商务印书馆1943年版。

34.贺卫方:《司法的理念与制度》,中国政法大学出版社1998年版。

35.[英]戴维·沃克编:《牛津法律大词典》,北京社会与科技发展研究所译,光明日报出版社1988年版。

36.孙万胜:《司法权的法理之维》,法律出版社2002年版。

37.[日]我妻荣编:《新法学词典》,中国政法大学出版社1991年版。

38.余纪元:《〈理想国〉演讲录》,中国人民大学出版社2009年版。

39.宋希仁:《西方伦理思想史》(第2版),中国人民大学出版社2010年版。

40.[丹]努德·哈孔森:《立法者的科学——大卫·休谟与亚当·斯密的自然法理学》,赵立岩译,浙江大学出版社2010年版。

41.程春明:《司法权及其配置》,中国法制出版社2009年版。

42.[奥]尤根·埃利希:《法律社会学基本原理》,叶名怡、袁震译,中国社会科学出版社2009年版。

43.[德]G·拉德布鲁赫:《法哲学》,王朴译,法律出版社2005年版。

44.[美]玛丽安·康斯特布尔:《正义的沉默——现代法律的局限性和可能性》,北京大学出版社2011年版。

45.[美]博登海默:《法理学:法律哲学与法律方法》,邓正来译,中国政法大学出版社1999年版。

46.[德]H·殷科:《法哲学》,林荣远译,华夏出版社2002年版。

47.[德]费希特:《国家学说或关于原初国家与理性王国的关系》,潘德荣译,中国法制出版社2010年版。

48.[德]马丁·霍利斯:《哲学的初体现》,庄瑾译,北京东西出版社2009年版。

49.[美]博西格诺等:《法律之门》,邓子滨译,华夏出版社2007年版。

50.[古罗马]查士丁尼:《法学总论》,张企泰译,商务印书馆1989年版。

51.高宣扬:《后现代论》,中国人民大学出版社2005年版。

52.陈德庆等:《人类学的理论预设与建构》,社会科学文献出版社2006年版。

53.[美]詹姆斯·施密特:《启蒙运动与现代性》,徐向东、卢华萍译,上海人民出版社2005年版。

54.[美]哈罗德·J·伯尔曼:《法律与革命》(第1卷),贺卫方、高鸿钧、张志铭译,法律出版社2008年版。

55.[美]罗斯科·庞德:《法理学》,封丽霞译,法律出版社2007年版。

56.[美]爱德华·麦克诺尔·波恩斯:《世界文明史》(第1卷),罗经国等译,商务印书馆1987年版。

57.李秀清:《日耳曼法研究》,商务印书馆2005年版。

58.[美]欧文·费斯:《如法所能》,师帅译,中国政法大学出版社2008年版。

59.[比]R·C·范·卡内冈:《法官、立法者与法学教授》,薛张敏敏译,北京大学出版社2006年版。

60.[美]马丁·夏皮罗:《法院:比较法上和政治学上的分析》,张生、李彤译,中国政法大学出版社2005年版。

61.[英]博温托·迪·苏萨·桑托斯:《迈向新法律常识》,刘坤轮、叶传星译,中国人民大学出版社2009年版。

62.张凤阳:《政治哲学关键词》,江苏人民出版社2006年版。

63.[美]E·希尔斯:《论传统》,傅铿、吕乐译,上海人民出版社1991年版。

64.[美]皮特里主编:《动机心理学》(第5版),郭本禹等译,陕西师范大学出版社2005年版。

65.[丹]努德·哈孔森:《自然法与道德哲学——从格老修斯到苏格兰启蒙运动》,马庆、刘科译,浙江大学出版社2010年版。

66.[英]休·柯林斯:《马克思主义与法律》,邱昭继译,法律出版社2012年版。

67.[德]马克斯·韦伯:《韦伯作品集——法律社会学》,康乐、简惠美译,广西师范大学出版社2005年版。

68.[英]欧内斯特·盖尔纳:《理性与文化》,周邦宪译,贵州人民出版社2009年版。

69.[英]丹尼斯·罗伊德:《法律的理念》,张茂柏译,新星出版社2005年版。

70.高鸿钧:《法治:理念与制度》,中国政法大学出版社2002年版。

71.[英]怀海特:《思维方式》,商务印书馆2006年版。

72.刘杨:《法律正当性观念的转变——以近代西方两大法学派为中心的研究》,北京大学出版社2008年版。

73.周永坤:《规范权力——权力的法理研究》,法律出版社2006年版。

74.[美]罗斯科·庞德:《通过法律的生活控制》,沈宗灵译,商务印书馆1984年版。

75.恩格斯:《家庭、私有制和国家的起源》,载《马克思恩格斯选集》(第4卷),人民出版社1995年版。

76.[法]皮埃尔·布尔迪厄:《实践理性》,谭立德译,生活·读书·新知三联书店2007年版。

77.[美]博登海默:《法理学——法哲学及其方法》,华夏出版社1987年版,

78.[美]莱斯利·里普森:《政治学的重大问题》,刘晓等译,华夏出版社2001年版。

79.[美]科尔斯戈德:《规范性的来源》,杨顺利译,上海译文出版社2010年。

80.[英]亚当·斯密:《道德情操论》,谢宗林译,中央编译出版社2010年版。

81.[以]巴拉克:《民主国家的法官》,毕洪海译,法律出版社2011年版。

82.[德]拉德布鲁赫:《法哲学》,王朴译,法律出版社2005年版。

83.[德]霍利斯:《哲学的初体验》,庄瑾译,北京大学出版社2009年版。

84.[比]马克·范·胡克:《法律的沟通之维》,孙国东译,法律出版社2008年版。

85.章武生等:《司法公正的路径选择:从体制到程序》,中国法制出版社2010年版。

86.田成有:《法律社会学的学理与运用》,中国检察出版社2002年版。

87.[美]塔玛纳哈:《论法治——历史、政治和理论》,李桂林译,武汉大学出版社2010年版。

88.王盼、程政举等:《审判独立与司法公正》,中国人民公安大学出版社2002年版。

89.[英]米勒、波格丹诺:《布莱克维尔政治学百科全书》,中国问题研究所等组织译,邓正来主编,中国政法大学出版社1992年版。

90.李昌道编著:《美国宪法史稿》,法律出版社1986年版。

91.龚刃韧:《现代日本司法透视》,世界知识出版社1983年版。

92.[德]哈贝马斯:《在事实与规范之间》,童世骏译,生活·读书·新知三联书店2003年版。

93.高志刚:《司法实践理性论——一个制度哲学的进路》,上海人民出版社2011年版。

94.[美]德沃金:《身披法袍的正义》,周林刚、翟志勇译,北京大学出版社2010年版。

95.[德]格哈特:《帕森斯学术思想评传》,李康译,北京大学出版社2009年版。

96.苏力:《道路通向城市——转型中国的法治》,法律出版社2008年版。

二、期刊文章

1.李清伟:《法律职业化发展的社会学思考》,载《法制与社会发展》1996年第5期。

2.石茂生:《法律职业化与法律教育改革》,载《河南省政法管理干部学院学报》2002年第4期。

3.杨海坤、黄竹胜:《法律职业的反思与重建》,载《江苏社会科学》2003年第3期。

4.谭兵、王志胜:《在同一片法律的晴空下——关于建立我国法律职业者一体化培养模式的思考》,载《中国律师》2001年第3期。

5.于晓青:《司法的特质与理念》,载《现代法学》2003年第2期。

6.李学尧:《法律职业主义》,载《法学研究》2005年第6期。

7.赵康:《专业化运动理论——人类社会中专业性职业发展历程的理论假设》,载《社会学研究》2001年第5期。

8.石茂生：《法律职业化》，载《河南社会科学》2002年第4期。

9.张卫理：《中国需要大批法律人才》，载《法制日报》1997年10月3日。

10.贺卫方：《法律职业的方法基础》，载《人民法院报》2002年4月1日。

11.季卫东：《怎样保障司法公正》，载《文汇报》2010年7月28日。

12.马长山：《法治的平衡取向与渐进主义法治道路》，载《法学研究》2009年第5期。

13.王雷：《论法官的管理激励》，载《人民司法》2002年第11期。

14.戴长征：《仪式和象征：当代中国基层政治的"控制艺术"和"权力技术"》，载《江苏行政学院学报》2010年第6期。

15.舒国滢：《法律职业呼唤法哲学智慧》，载《人民法院报》2002年4月8日。

16.李建平：《法院调查报告揭示法官职业风险》，载《法制日报》2006年11月14日。

17.谭兵、王志胜：《论法官现代化：专业化、职业化和同质化——兼论中国法官队伍的现代化问题》，载《中国法学》2001年第3期。

18.孙笑侠：《法律家的技能与伦理》，载《法学研究》2001年第4期。

19.马新福、问海燕：《论法律人的养成》，载《吉林大学社会科学学报》2002年第4期。

20.吕忠梅：《职业化视野下的法官特质研究》，载《中国法学》2003年第6期。

21.白绿铉：《我国民诉制度改革与比较民诉法研究——谈比较民诉法的研究体会》，载《法学评论》1999年第5期。

22.王德志：《西方国家对法官独立的保障》，载《山东大学学报（哲学社会科学版）》，1999年第4期。

23.程竹汝：《社会控制：关于司法与社会最一般关系的理论分析》，载《文史哲》2003年第5期。

24.韩大元：《东亚国家司法改革的宪政基础与意义——以韩国司法改革的经验为中心》，载《浙江社会科学》2004年第1期。